理想生活

[日] BEAMS ——— 著

吕灵芝 ——— 译

LIVING, DINING & KITCHEN

新星出版社
NEW STAR PRESS

INDEX

INTRODUCTION

002 村口 良 村口 恭子
012 大洼 奈美
020 滨崎 广规
028 穗积 优
040 夏山 爱美
048 横沟 贤史 横沟 由美
058 津田 敬
068 内田 隆法
078 富田 久美
088 二口 辉章
096 山田 彩
104 濑田 明子
114 天木 敏彦

124 神谷 智美
132 前田 太志
140 藤井 润一
148 稻垣 义久
158 岩城 澄 岩城 由梨
166 小笠原 凉
174 小林 景太
182 松下 惠
190 钓见 善信
200 西村 章代
208 泷田 未希
216 吴 香怡 (音译)
226 井手 惠介
234 马场 由利子
242 国吉 麻由子

250 高野 开登	394 土井地 博
260 村田 典子	404 马场 万里哉
270 江头 枫	412 白木 康太郎 白木 爱花
278 大岩 绘里奈	
286 特里普斯·史（音译）	
298 伊藤 雄一郎	
306 金 峰新	
316 大川 雄太郎	
324 登岛 美希	
334 近藤 洋司	
346 醍醐 达也	
356 佐竹 彩	
366 小田部 裕	
376 松井 圭太郎	
384 深谷 翔二	

MY FAVORITE RECIPES

076 鹰嘴豆和藜麦的五彩沙拉 / 夏山 爱美

156 麻婆豆腐 / 横沟 贤史

224 肉酱咖喱 / 山田 彩

296 蘑菇烩饭 / 前田 太志

374 烤奶酪蛋糕 / 大洼 奈美

AMAZING LOCAL FOODS

421

INTRODUCTION

有这么一本书，把昭和四十年代刊登在杂志《朝日画报》上的平面摄影作品汇总在一起，书名就叫《我家的晚饭》。书中展示了森繁久弥、松本清张、冈本太郎、丹下健三、植村直己等昭和文化人与家人朋友共进晚餐的光景。寺山修司在书中提到："饭桌就像人生，宛如一个'剧场'。"岁月流逝，本书又汇集了一些现代的"餐桌风景"，向读者展示BEAMS 46名员工的厨房、餐厅与起居室，以及人们在何种时间吃何种食物。登场员工或是周末与亲友一道举办家庭派对，或是一家人围坐桌旁轻松交谈，或是独自处理食材、度过安静的时光……无论在哪个时代，饮食就是生活。通过这些采访，我们感受到了BEAMS员工特有的"姿态"。在茶道艺术中，餐饮原本写作"振舞""会席"，后来由于有心招待客人却缺乏食物，因而演变为沿袭禅僧修行时的习惯，为客人奉上一块温热的石头置于腹上，以抵饥饿，于是"会席（kaiseki）"也被表述成了与之同音的"怀石（kaiseki）"。这种待客之心不仅能够温暖家人朋友，即使面对初次见面的人，也能通过饭菜让对方感受到温情。烹饪果真是一项乐事，因为人们可以通过这种形式，尽情表达自身的心意。

GOOD FOOD GOOD MOOD

01

村口 良
村口 恭子

BEAMS LIGHTS 总监
B:MING by BEAMS 顾问
42岁、38岁/神奈川县镰仓市

(上)主角是民族风肉末咖喱。惯例是配以青葱、鸭儿芹、香菜、紫苏、红椒丝,拌匀后食用。(下)采光良好、开放感强的起居室。餐具柜上装饰着旅途中发现的各式器皿。(右)在日本特别订制的Louis Poulsen户外灯,乃是在丹麦一见钟情之物。

周末清晨的乐趣是夫妻俩在健身房做完锻炼,结伴到附近采购新鲜的镰仓蔬菜,做成丰盛的沙拉,端到院子里慢慢享用。因为一家人都喜欢品酒,平时餐饮更加注重健康,尽量选用天然食材。傍晚,两人会端着酒杯到海边散步,躺在沙滩上放松身心。依山傍海,生活在环抱自然、食材丰富的镰仓,就是生活在了让身心都能丰盈调和的理想环境。

——请说一样对厨房的讲究。
更喜欢方便人们聚集在一起的吧台式厨房。

——饮食生活中不可或缺的东西是什么?
自己熟悉的香料和调味料。

——厨房里最珍重的东西是什么?
旅途中买到的陶艺品。

——对烹饪产生兴趣的契机?
为了享受镰仓的生活。

——做饭时最注重什么?
以蔬菜为中心制作饭菜。

——请透露下餐饮方面经常参考的信息源。
在餐馆吃到的东西。

——在家时最喜欢如何消磨时光?
在院子里吃午餐,然后散步到海边。

——生活方式中最注重的主题是什么?
亲近自然、亲近大海的生活。

——请讲讲房间的主题和布置原则吧。
展示性收纳。

——最喜欢家里什么地方?喜欢在那里做什么?
在院子里吃饭品酒。

——为什么选择现在住的地方(地区)?
有可以随心切换ON/OFF状态的自然环境。

——如何排解压力?
散步到海边,躺在沙滩上。

——每天搭配服饰时最爱用的单品是什么?
手表和手链等小饰品。

——如何培养品位?
描绘自己的理想。

——加入BEAMS最大的收获是什么?
遇见许多充满魅力的人。

——在以往的工作中,最深刻的记忆是什么?
在现在已经迁址的BEAMS STREET心斋桥店工作的日子。当时的一切都令人回味,真的很开心。

（上）一起开心用餐的村口夫妇。身后是可以看见整个起居室的吧台式厨房。（下）手工制作香炒豆鲹用的配料。香菜、彩椒、橄榄切碎，添加迷迭香、大蒜和橄榄油拌匀即可。这碗配料既能充当调味汁，又能增添菜肴的色彩。

（上）据说，只要恭子女士在家庭派对上做饭，就会有许多人被香味吸引到厨房。（下）由比滨的意大利餐馆"MANNA"的沙拉特别好吃，经过无数次试验终于再现出来了。沙拉用到了秋葵、西葫、芝麻菜、番茄、奶酪等食材，多种搭配，营养健康。

1. 酱油、味醂、酒这些调味料统一使用KILNER容器收纳，视觉上清爽、统一。手写标签也别具风情。已开瓶的酒会挂上用庭院里花草制成的干花，一眼就能辨认出来。家中还常备良先生母亲亲传的家酿白兰地梅酒。2. 很喜欢《Jurgen Lehl员工食堂：素菜单品》《镰仓Oxymoron的香辣咖喱》等烹饪书籍。恭子女士负责制作，良先生负责装盘，夫妻俩同享烹饪乐趣。3. 香料和橄榄油都放置在木箱中收纳。每次出国旅行，都会忍不住买很多回来。4. 让人联想到纽约公寓的L形阳台，种植了澳大利亚特色植物佛塔树。充满野性的橙色花朵既自然又极具存在感。砂浆外墙搭配黑色窗框，户外木地板涂成灰色，这样比较耐脏。5. 曾经在北海道品尝到了令人感动的咖啡豆烧酒。每年良先生过生日都要做一罐。只需一袋喝剩的咖啡豆，注入1.8升金宫烧酒即可。泡上一个月，就能得到醇厚的味道。

(上)在这里展示平时使用的饰物。通往卧室的窗台一派温馨景象。
(下)这盘菜肴再现了他们在附近一家意大利餐馆品尝到的感人美味。添加迷迭香、大蒜、辣椒、香菜、橄榄等食材调制成香浓的配菜,搭配油炸豆鲹,就成了一道绝品美味。

FOOD ITEMS OF MINE

1. 镰仓香料专卖店"安娜"出售的各种香料。2. WECK的收纳罐里存放着肉桂、松露盐、花椒等调味料。3. 良先生每次回爱媛县老家都会批量采购这种麦子味噌。可以用来蘸黄瓜，也可以添加酱油和麻油调成蘸汁。4. 琉球冷水壶用来装柠檬水，加入庭院采摘的柠檬和迷迭香。5. 岛根县森山窑的高脚盘。摆上水果或蛋糕，就成了一幅画。6. 在易物古董市场发现的开坚果器和古董开瓶器。7. AKOMEYA的米缸。桐木有除湿防虫效果，可以持久保持大米的美味。8. 在冲绳买的土瓶专门用来盛放招待客人用的冰咖啡。9. 橄榄油在由比滨的铃木屋酒铺购得。只要提着空瓶过去，就能便宜300日元。

02

大洼 奈美

开发事业本部
38岁/栃木县宇都宫市

这座房子的特色是宽大的窗户，加之地处高处，形成了一个向外延伸、充满开放感的空间。站在厨房做饭，可以眺望宇都宫市的街景，让人忘却日常的琐碎烦恼。大洼女士平时很注重使用当地农园种植的有机蔬菜和自家院子里采摘的草药和鲜花，营造健康长寿的生活方式。厨房工作台上摆满了色彩各异的新鲜食材，让人在制作饭菜时也能心情雀跃。

——请说一样对厨房的讲究。
站在厨房里，眼前要有一扇能够感受户外的窗户。

——厨房里最珍重的东西是什么？
有很多，不过最珍重的应该是我自己设计并找人定制的饼干模。

——最想在厨房里添置什么东西？
商用搅拌器。

——喜欢什么食物？
"竹叔农田"的有机蔬菜，NewDays的"爆巧"面包。

——对烹饪产生兴趣的契机？
得知了无水烹饪的厉害之处。

——请透露下餐饮方面经常参考的信息源。
在餐馆吃过的食物。比如表参道大楼里的Fratelli Paradiso，还有天王洲岛的T.Y.Harbor。

——兴趣是什么？
冲浪、滑雪、野营、缝纫、制作甜点和菜肴、草裙舞。

——请透露一些正在收藏或忍不住会买的东西。
面包。

——在家时最喜欢如何消磨时光？
做做衣服，做做菜，做做想做的东西。

——最喜欢家里什么地方？喜欢在那里做什么？
虽然机会很少，但是我喜欢在没有小孩的起居室里躺着看书。

——为什么选择现在住的地方（地区）？
这里是我生长的土地，因此会感到亲切。而且这里自然风光很好，天高地阔！

——如何排解压力？
做面包或者甜点。

——请介绍一下打造自身风格时最喜欢的时装品牌。
CAROLINA GLASER。

——如何培养品位？
打开"天线"。

——加入BEAMS最大的收获是什么？
能够与很多魅力十足的人相识，令我的眼界更开阔。

餐桌上摆满了亲手制作的比萨、烤牛肉、青酱意面,加上西兰花沙拉与亲手熏制的鸡肉火腿,还有大洼女士在当地农园采购的有机蔬菜。一旦拿出了各式各样的盘子,证明饭菜已经准备就绪。

走进玄关，门厅摆放着L形沙发，打造出一块休憩的场所。休息日最适合坐在这里喝着咖啡，悠闲地眺望窗外的景致。另外，光线充足的起居室也是令人身心愉悦的地方。

1. 大洼女士与兄长一家居住的房子坐落在能够俯瞰街景的高地上，有着灵动而大方的气质。车库里摆满了各式用具，都是酷爱户外活动的兄长人生中不可或缺的东西。2. 正对厨房的窗户宽敞明亮，能够以全景图的方式欣赏宇都宫的景观，所以这里是大洼女士最喜欢的地方。在明亮的厨房中还能感受到舒适的清风。3. 平房最深处的卧室也巧妙安装了细窗，不仅能有效采光，而且因为位置较高，不会让人感到光线过于刺眼。4. 大洼女士亲手制作的Miyanoko Cookie，益子陶器市场和当地集市都有出品。曲奇使用产自栃木县的有机小麦粉，有益身体健康。亲手设计的饼干模以三种乡土玩具为蓝本，从左至右分别是黄鲫鱼、青蛙和鸠哨，圆滚滚的可爱造型让人不忍入口。这些寓意美好的曲奇饼干融入了大洼女士对家乡宇都宫的热爱，十分适合作为当地特产。Miyanoko Cookie这个名字也意为"宇都宫之子"。5."开饭啦。"只要一声招呼，在起居室追打玩耍的孩子们就都乖乖落座了。

右边是跟侄子一起制作的蜜瓜包，左边是在宇都宫经营咖啡店的父母亲自传授的烤奶酪蛋糕。大洼女士年幼时也曾在厨房帮父母制作这道点心，深爱那令人怀念的风味。一直秘不外传的配方将在本书末尾公开！

FOOD ITEMS OF MINE

1. 在益子陶器市场买到的盘子。边缘浑圆厚重，特别结实。2. 母亲年轻时就在使用的盘子，以前一家人吃蛋糕肯定会用到它。3. 在点心教室看上的擀面杖，来自富泽商店。4. 亲手设计的饼干模，堪称宝物。5. 父母到马耳他岛旅行时带回来的礼物。最喜欢这种日本找不到的配色风格。6. 大理石制的糕点台有着恰到好处的清凉感，面团放在上面不容易发黏。7. 同样是在益子陶器市场发现的椭圆形木制便当盒。一开始为了防止营养失衡而制作便当，这个习惯一直持续到现在。8. 商用封口机可以将亲手制作的曲奇饼干包装得漂漂亮亮。9. 具备了切割、打泡、揉搓三种功能的厨房机，是制作点心的好帮手。10. 用了三十多年的三明治煎锅，带去野营也十分方便。

03
滨崎 广规

人事业务部
36岁 / 东京都世田谷区

（上）最近新买的中式铁锅。用它来制作干烧虾仁，利用香料调出浓醇美味。中式铁锅耐持续高温，又因为是圆底，加热比较均匀，用起来特别顺手。
（下）做好饭菜，在餐厅碰杯。这里放置着20世纪70年代法国产的餐椅等物品，都是夫妻俩喜爱的东西。

道道正宗中餐从开放的吧台式厨房诞生。滨崎先生的岳父在新桥经营一家名叫美华园的中餐馆，因此这种味道才是家的味道。这天的饭菜有商用高锅熬煮的白鸡、干烧虾仁和猪肉角煮，搭配鸡皮橙醋、秋葵与茗荷拌梅肉、黄瓜拌榨菜，还有西兰花和金枪鱼肉的咖喱风味沙拉，大盘小碗摆了一桌。夫妻俩喜欢四处寻找美食美酒，发现喜欢的菜肴就会尝试再现。

——请说一样对厨房的讲究。
买房子的时候，关键词就是吧台式厨房。为了让吧台式厨房充分发挥作用，平时会注意尽量不在台面上摆东西。

——饮食生活中不可或缺的东西是什么？
烹饪最不可或缺的是下酒菜，吃饭决不能少了啤酒。家里朝日Super Dry（啤酒）的库存从来没有断过。

——最想在厨房里添置什么东西？
刺身刀。

——喜欢什么食物？
中餐。搞家庭派对的时候，妻子时常制作中餐。如果外出吃饭，通常会去岳父在新桥开的中餐馆美华园。那是我觉得最好吃的中餐馆。

——对烹饪产生兴趣的契机？
妻子很喜欢烹饪。我们结婚前就喜欢外出寻觅美食。

——做饭时最注重什么？
一定会做些小碗菜和下酒菜来配酒。

——请透露下餐饮方面经常参考的信息源。
家人和同事的分享。

——兴趣是什么？
下馆子，去好吃的餐馆尝鲜。

——在家时最喜欢如何消磨时光？
最近儿子刚出生，所以待在家里的时间变多了。我认为夫妻俩一起吃饭，与儿子跟爱犬共度的时间最珍贵。

——最喜欢家里什么地方？喜欢在那里做什么？
工作结束后，坐在自己喜欢的椅子上喝酒。

——请说说您最喜欢的家居品牌和店铺。
Mid-Century MODERN、Lewis、D&DEPARTMENT。

——为什么选择现在住的地方（地区）？
离妻子娘家近，而且有利于育儿。

——如何排解压力？
回家看到孩子的笑脸。休息日一家人出去散步。

——每天搭配服饰时最爱用的单品是什么？
HEAVYWEIGHT COLLECTIONS的T恤。

——如何培养品位？
不从否定的视角切入。

——加入BEAMS最大的收获是什么？
结识到值得尊敬的前辈、可以共勉的同事和后辈。

1. 冰箱上贴着儿子的照片、国外买回来的纪念冰箱贴，还有古董啤酒瓶盖。厨房最里面的架子上摆着大小各异的蒸笼、笊篱等爱用厨具。"虽然称不上收藏，不过总会顺手购买让酒看起来更好喝的杯子。"微波炉、咖啡机等厨房家电统一为黑色，营造整体感。2. 爱犬大米也开饭了。听说它喜欢趴在餐桌底下休息。那里有一块大地毯，营造了一片舒适空间。起居室还铺着在Mid-Century MODERN定制的地毯。3. 中餐必不可少的八角、丁香等香料，还有能让饭菜味道更上一层楼的各种调味品。4. 能用筷子夹断的鲜嫩猪肉角煮，铺上一层葱丝装饰。使用LE CREUSET锅具能够让汤汁彻底渗透，使菜肴香浓入味。5. 与四个月大的儿子在一起，一家人其乐融融。包容感很好的绿色单人沙发是儿子的专座。

（上）平时爱用的冲绳陶器。（下）在Lewis购得的丹麦产储物柜，用来收纳杯盘。顶层还装饰了马克思·比尔（Max Bill）的海报等装饰物。以特大灯罩为特征的落地灯是在武藏小山一家旧货店里淘来的20世纪60年代的日本产品。

（上）结婚时朋友送的LE CREUSET锅，用来做猪肉角煮等炖煮类菜品很好用。旁边的商用高锅在合羽桥道具街购得。（下）选用白鸡整鸡，填入红枣、生姜、葱等配料，搭配火锅汤风味的调味料烹煮半日即成。每次有朋友到家里来，一定会做这道菜。

FOOD ITEMS OF MINE

1. 由一整块铁打造而成的中华铁锅。"我还想把它再养一养。" 2. 让新鲜米饭更美味的秋田饭桶。3. 红枣、豆豉、干香菇、八角等调味料。4. 这个小篮子在经堂的Rungta购得，用来装点心或水果特别好。5. 岳父送的黑檀夫妻筷。6. 因为夫人是鹿儿岛人，晚餐的固定项目就是烧酒。7. 蓝得很漂亮的南部铁急须壶。8. 深受喜爱的Super Dry。一提起滨崎先生，大家都知道肯定是喝它了。9. 红腐乳搭配大蒜油、豆瓣酱和橙醋，做成火锅底料。这个味道很让人上瘾，每个朋友都赞不绝口。10. 葱油、大蒜油、辣芝麻油、中国的老抽、风味鸡油辣椒等，全都是些特别讲究的调味料。11. 母亲传授的手写菜谱。网罗了滨崎先生儿时记忆中的家常菜。

04
穗积 优

BEAMS生产管理
32岁/东京都葛饰区

穗积夫妇彻底改造了一座二手公寓,让整个生活空间充斥着两人的美学,随处可见认真的讲究。穗积先生说:"我们的装修主题就是打造一个装饰了自己喜欢的东西,能够百看不厌的展览室。"穗积先生性格温和,夫人坚强可靠,两人心有灵犀。今天的厨房里也飘出了阵阵诱人的香味,餐桌边温暖而热闹。

——请说一样对厨房的讲究。
以原木小屋为装修主题,使用了大量木材(松木)。搭配纽约地铁瓷砖和墨西哥瓷砖,可以变换出不同氛围。

——厨房里最珍重的东西是什么?
从德国买的HENCKELS菜刀,还有MOONSTAR的抗菌合成橡胶砧板。

——饮食生活中不可或缺的东西是什么?
为了健康,平时都在限糖,因此植物提取的甜味剂和罗汉果帮了大忙。

——最想在厨房里添置什么东西?
好看的PEUGEOT胡椒研磨器。

——喜欢什么食物?
夏季限定的中华冷面,还有周末闲暇时做的咕噜肉。

——做饭时最注重什么?
除了蔬菜和水果本身的糖分,一概不使用多余的糖。

——请透露下餐饮方面经常参考的信息源。
"sirogohan.com",我从上面学习日本料理的基础。

——兴趣是什么?
看动画片。我认为这是一种很棒的日本文化。

——请透露一些正在收藏或忍不住会买的东西。
夫妻俩一起出去旅游时,会在当地挑选喜欢的冰箱贴买回来。

——请讲讲房间的主题和布置原则吧。
"钟爱之物"的展览室。在各种关键区域使用不同的瓷砖和天然板材将我们两人心目中的理想之家具象化。

——最喜欢家里什么地方?喜欢在那里做什么?
坐在自己喜欢的户外椅上,看着晾晒衣物在院子里随风起舞。

——为什么选择现在住的地方(地区)?
上班不用转车,而且在始发站有座位。住下了才知道,徒步可及的范围内竟有七家超市,太方便了,因此更是喜欢。

——如何排解压力?
出门逛橱窗,看到洋装的设计和素材就会感到心情振奋。这已经算是职业病了。

——喜欢哪种着装风格?
每天都会换一种风格。最近很喜欢花纹×花纹的搭配。

——如何培养品位?
尽量多接触自己觉得"好棒"的东西,尽量去见自己觉得好棒的人。还要尽量创造去寻觅这些人和事物的机会。

家务完全分工的穗积夫妇。夫人负责做饭,穗积先生负责洗碗打扫。今天的菜品是莲藕酿肉、竹荚鱼南蛮渍、熏萝卜盖奶油奶酪,以及玉米饭。穗积先生正在限糖,所以主食换成了更健康的蔬菜棒。

（左）穗积先生的衣柜分类细致，什么东西放在哪里一目了然。（右上）婚礼席位表等纸质物品由擅长插画的夫人亲手制作。（右下）穗积先生毕业于时装类学校，能够熟练使用缝纫机。

033

（上）吧台正面和侧面使用了纽约地铁实际使用的地铁瓷砖，灶台侧面则使用了手工制作的墨西哥瓷砖。
（下）起居室与隔壁的工作间虽然在空间上有所分隔，但是通过窗户营造了充满联结感的舒适距离。

1. DULTON家的指示牌全都使用了做旧工艺的厚重铁器，营造出复古气氛。它还体现了某种标志性，很适合用来装点穗积夫妇的家。
2. 夫人做起饭来手脚麻利，让人难以置信她离开家独立之前几乎没有做过饭。两人之间有个重要原则，就是要一起吃刚出锅的热饭热菜。
3. 玄关区域最看重的就是要有能够放下自行车的纵深。哪怕是下雨天自行车被淋得湿透，也不用担心弄脏家里。兼具摩登与怀旧的蜂窝形瓷砖设计据说参考了涩谷的买手店"ROOT"。
4. 海报上是由架空角色组成的虚拟乐队Gorillaz。上面还有负责该乐队视觉设计的著名漫画家杰米·休莱特（Jamie Hewlett）的亲笔签名，是会珍重一辈子的宝贝。这张海报是穗积先生抽奖得到的，当时只有两个获奖名额。
5. 出门旅行时一定会在礼品店物色中意的冰箱贴。葡萄牙有很多小伴手礼，P031页使用的鱼图案餐垫也是在那里买的。

厨房背面的松木墙上还安了架子，保证这个东西容易越变越多的空间能够整齐干净，常用的调味料和茶叶都装进珐琅储物罐里，看起来就不会杂乱。储备的食材都放在草编的收纳筐里，实践了隐藏式收纳。

FOOD ITEMS OF MINE

1. 旅行时买到的各式冰箱贴。2. ZWILLING的圆饭勺很好用，属于比较偏爱的品牌之一。3. 每周保养一次的菜刀和磨刀石都来自ZWILLING。4. Lakanto零热量天然甜味剂，可以在控糖的同时满足味觉。5. 去波士顿旅行时买到的哈佛大学官方马克杯。6. MOONSTAR的抗菌砧板，卫生又好用。7. 深蓝色小钵的深度适宜，很好盛装，而且把食材衬托得特别好看。8. 在fennica发现的那霸奥原硝子制造所的杯子。不同角度看到的颜色不一样，是一件漂亮的清凉器皿。9. 夫人每次过生日都会增加一件的莲叶盘。10. iwaki的微波炉适用保鲜盒为玻璃材质，不容易串味。11. DeLonghi电水壶的配色与家中气氛很相称。12. 做修车等粗活时穿的围裙，重在结实，是穗积先生送给夫人的礼物。

05
夏山 爱美

Pilgrim Surf+Supply 办公室文员
28岁 / 东京都世田谷区

夏山女士在擅长烹饪的家人影响下，喜欢吃也喜欢做美食。她的座右铭是"反正都要吃，就要选好吃的"，自从到东京开始独居生活后，每天都用当季的食材制作充满季节感的美食。休息日，她还会叫上公司同事和朋友聚餐。一道道倾注了感情的饭菜，一件件体现了心意和品位的餐具以及室内的装潢，都反映着夏山女士认真生活的态度。

——请说一样对厨房的讲究。
因为是租的房子，不能随意乱来，所以很注意打扫整理。如果东西太多就很难打扫，因此尽量不把东西摆在外面。还有就是收纳时要以一个能够高效移动的动线为基准。

——厨房里最珍重的东西是什么？
器皿。一些是大阪的奶奶送给我的，一些是自己慢慢收集的。每次遇见喜欢的器皿，我总是会忍不住带回家。

——饮食生活中不可或缺的东西是什么？
动物蛋白（笑）。因为我喜欢吃肉，而且吃了肉有活力。

——喜欢什么食物？
如果是自己做饭，我喜欢挑选当季食材，按照自己每天的心情来烹饪。天气热了就会想做民族风食物。

——对烹饪产生兴趣的契机？
奶奶和妈妈都认为"反正都要吃，就要选好吃的"。我家的人都贪吃，恩格尔系数特别高，这可能对我产生了很大影响（笑）。

——请讲讲房间的主题和布置原则吧。
主题是"一直喜欢，一直珍重"。我添置东西的时候，也以是否能够跟它一起度过许多时光为标准。

——最喜欢家里什么地方？喜欢在那里做什么？
最喜欢的地方是一整天都有阳光透过蕾丝窗帘照进来的沙发附近。最喜欢看看书、看看电影、欣赏欣赏植物度过一天。

——请说说您最喜欢的家居品牌和店铺。
经堂那边的Rungta，松阴神社门口的This，这些都是我喜欢的店铺。两家店铺都有很多编织工艺品和漂亮的小东西，无论什么时候去都有崭新的发现。

——加入BEAMS最大的收获是什么？
能够一起享受私生活的同伴。因为这里聚集了许多对服装和生活方式很有讲究的人，经常会一起逛商店、参加活动、寻觅美食，能够得到很多刺激和启发。

——在以往的工作中，最深刻的记忆是什么？
那次出差去买印第安饰品。我在美国新墨西哥州和亚利桑那州的广阔荒原上看着太阳渐渐落到地平线之下，心里特别激动。能够完成为期两周的口译工作，也让我增添了许多工作上的自信。

（上）这天邀请了住在同一条电车沿线的朋友们到家里来聚餐。（下）咖喱风味的煎鸡腿散发着异域感十足的香味，放在汤町窑的盘子上，被衬托得格外好看。取一块鸡腿肉，去掉多余油脂，撒上盐、胡椒粉和咖喱粉，煎至表皮焦脆即可。

（上）生活主题是让人心动的物品与治愈的环境。"每当植物发出新芽，我都会觉得它很可爱，忍不住微笑起来。"（下）最喜欢的是20世纪30至50年代祖尼族的古董首饰。"从新墨西哥州带回来的土狼木雕也让我每次看到都感到治愈。"

1. 收藏了最近觉得好喝的葡萄酒的酒瓶。家附近的中增酒铺有很多自然葡萄酒出售，值得推荐。2. 喜欢烹饪的夏山女士。下次准备去巴厘岛旅行，想在当地学习印度尼西亚菜。平时还很讲究室内软装面料，会把桌布或古董蕾丝布做成窗帘挂起来，靠垫则使用了乌克兰古董基里姆面料和真丝混纺面料。3. 总是会忍不住买回来的各种餐具。"我倾向于一件一件挑选，而不是购买一套风格或种类统一的餐具。" 4. 头天晚上就在珐琅容器里腌渍好的夏季蔬菜。胡萝卜丝和各种适合下酒的醋腌蔬菜都是家中常备的菜品。5. 复古编筐里放着护肤品、熏香、手表等平时常用的小物，又把干花、玻璃瓶、家人的合影等物品放在一起装饰。最喜欢的皮项链是在Crescioni专门定制的。小狗玩偶是小时候父母送的充满回忆的物品。

从右至左分别是用橄榄油煎后腌渍的茄子、青椒、南瓜等夏季蔬菜，盐渍溏心蛋，咖喱风烤鸡腿肉，鹰嘴豆藜麦沙拉，香草油浸白奶酪与黑橄榄，葡萄酒是法国汝拉地区出产的烈性白葡萄酒。

FOOD ITEMS OF MINE

1、2．热爱烹饪的祖母赠送的玻璃餐具。3．伊贺烧的陶锅很适合用来做冬天的火锅。4．夏山女士小时候的发型很像小丸子，所以祖母亲手为她绘制了这枚信乐烧餐盘。5．汤町窑的椭圆形餐盘正好可以用来摆放饭团、腌芦笋等菜品，还可以用来盛放咖喱，这种尺寸就是它的优点。6．在代代木上原的Roundabout发现的伊朗产再生玻璃冷水罐，用来装自己做的柠檬水。7．在大阪的古着店NUTTY和经堂的Rungta发现的手工版印面料，用来当手帕和便当包非常漂亮。8．莲花图案的可爱越南汤勺。"好想用它来吃民族风菜肴！"9．到新墨西哥州出差时买回来做纪念的杯垫。图案以栖息在当地的走鹃为蓝本。

06

横沟 贤史
横沟 由美

B印YOSHIDA 采购
休闲女装 创意总监
42岁、45岁 / 东京都世田谷区

050

（左上）今天的餐桌以麻婆豆腐为主角，搭配盐猪肉、蔬菜和酒蒸硬壳蛤。（左下）小火慢炖的盐猪肉柔韧有嚼劲，堪称绝品。（右）色调独特又美丽的厨房瓷砖是从HEATH CERAMICS私人进口的产品。

（上）把原本的L形厨房分成两半，让两人同时烹饪也能行动自如。
（下）贤史先生的拿手菜——麻婆豆腐。吃下一口，醇厚的鲜美在舌尖扩散，特别下饭。岛根县布志名烧、舩木研儿的器皿在熊本的鱼座民艺店购得。

横沟夫妇喜欢烹饪，喜欢品酒，性格开朗。贤史先生读书时在居酒屋后厨打工，做得一手好菜。他每周会请同事到家中一聚，大家一起吃饭。每次聚餐的规矩是先用啤酒干杯，然后开吃。由美女士一边吃着贤史先生亲手制作的饭菜，一边笑容满面地说："饭菜好吃是最大的幸福。"人们聚集在这个家中，一定纯粹是为了享受美食的乐趣。

——饮食生活中不可或缺的东西是什么？
融入热情款待的心意进行烹调。

——厨房里最珍重的东西是什么？
LE CREUSET的锅。

——最想在厨房里添置什么东西？
料理机，烤箱。

——喜欢什么食物？
饺子、麻婆豆腐、咖喱。

——做饭时最注重什么？
边做边收拾。

——请透露下餐饮方面经常参考的信息源。
餐馆，烹饪专家的社交账号，在前辈家吃到的东西。

——在家时最喜欢如何消磨时光？
把熟人和公司同事请到家里来，一起吃吃喝喝。

——请讲讲房间的主题和布置原则吧。
把喜欢的东西摆在能看见的地方。简约很容易。东西可以有，但要注意收拾。

——最喜欢家里什么地方？喜欢在那里做什么？
在书房，看看书，做做拉伸。

——为什么选择现在住的地方（地区）？
通勤时间不超过45分钟，环境安静。而且这里的保存树种很有象征意义，建筑物设计独特，所以被吸引了。

——每天搭配服饰时最爱用的单品是什么？
项链、包包等小物。

——如何培养品位？
对服装以外的事物也抱有兴趣，拓宽视野。

——加入BEAMS最大的收获是什么？
认识各种各样的同事，受到启发，得到成长。

——在以往的工作中，最深刻的记忆是什么？
第一次出差是去新潟县，可能因为紧张，在那边不胜酒力醉倒了，最后被上司扛回酒店。

1. 家庭成员之一，印度星龟小星星。很亲人，在屋子里四处走动的样子特别可爱。2. 猪里脊肉用盐搓匀，裹紧保鲜膜后放入冷藏室腌渍一个晚上。取长葱绿色部分，切三到四片生姜，加入三颗八角，注水至没过表面，小火煮约一小时，关火后用余热稍焖一会儿。可以取麻油加盐制成蘸汁食用，也可以用紫苏叶卷起来吃，随心所欲，很适合用来招待客人。"煮盐猪肉的汤可以用来做拉面，特别好吃。"贤史先生的建议果真不错。3. 亚历山大·吉拉德（Alexander Girard）的名作挂毯，用全世界的语言来表达Love，再加上心形设计，充满魅力。整齐排列的HEATH CERAMICS的花瓶外形圆润温和，雾化的釉色显得摩登好看。4. 古董集市上发现的蓝染等布料，旅行途中买到的广袖、短袢、和服等。5. 起居室的餐具架原本是一张丹麦制造的书桌。这件家具在地方民艺店购得，用来收纳冲绳陶盘等平时经常使用的餐具，随意摆放。旁边那件是与小鹿田烧一同走过了历史的名匠——柳濑朝夫制作的大胆而独特的大瓶。

（上）乔治·尼尔森（George Nelson）设计的灯具，来自美国、挖开一根原木制作的原始风格矮凳，罗宾·西蒙（Robin Simon）的绘画作品，20世纪30年代的印第安地毯等，这个房间彰显着横沟夫妇的审美。
（下）丹麦制造的柜子上摆满了小饰品和民艺品。墙上挂的布是过生日时orSlow设计师仲津先生赠送的宝贵刺子布料。

（上）取硬壳蛤和些许蒜片、红辣椒，在锅中倒入150毫升酒，盖上盖子煮熟，然后加入小松菜、茼蒿等绿叶菜稍微烫煮，最后以黑胡椒、黄油调味即可。第二天，剩下的汤还可以做烩饭或意面。（下）辣味温和，让人吃了上瘾的麻婆豆腐。

FOOD ITEMS OF MINE

1. 由美女士在法国买到的磨刀器。刃的部分为水牛角材质。 2. 冲绳职人制作的菜刀,刀柄使用樱木,握感极佳。 3. 在中国台湾发现的调味料——麻油辣腐乳。炒豆苗或空心菜的时候加一点,味道会更丰富、更地道。 4. 因为喜欢宽面,所以还在台湾买了刀削面。可以用肉酱拌食,还可以用煮盐猪肉的汤烫熟,作为压轴的主食。 5. 喜欢看电视剧《深夜食堂》的前辈专门为贤史先生制作的灯笼和短帘。 6. 参加LE CREUSET主办的男士烹饪大赛时,得到这个锅作为纪念奖品。 7. 新潟县生产的铝制深锅,有15厘米和18厘米的,高锅也经常用到。 8. 在NITORI买的煎锅,有大小两个尺寸,最适合用来做早饭。 9. Robert Welch的研磨套装(Pestle & Mortar)特别好用。

07 津田 敬

礼服部 主管
45岁 / 埼玉县八潮市

津田先生正在动作娴熟地处理整鸡。"东京市肉卖的鸡大多是冷冻产品,这附近则能买到冷鲜整鸡,还有很多质量很好的鲜鱼,处理起来特别开心。"大胸、腿肉、小胸、臀尖,分好鸡肉之后,就拿到院子里用炭火烤。

061

把起居室的snow peak小桌移动到院子里,装上烤盘就成了BBQ烤桌。将以炭火慢慢烤熟的鸡肉放进装满鳗鱼烤酱的杯子里调味。鸡胸肉上再放一点自己制作的梅肉一起吃,简单的搭配最美味。

津田家的烤鸡肉从处理整鸡开始。"毕竟鲜度不一样，还有许多鸡块里见不到的'附属品'，也很吸引人。"这就是津田先生的看法（听说他还处理过猎人朋友打到的猎物！）。一家人的爱好是户外运动，因此在院子里准备烤鸡BBQ也已习以为常。吃完饭还有立志成为点心师的女儿亲手制作的甜品。这便是全家人自然而然聚在一起享用美味的休息日时光。

——请说一样对厨房的讲究。
周末经常跟妻子二人在厨房准备饭菜，因此比较注重动线设计。

——最想在厨房里添置什么东西？
我觉得现在反而要思索如何减少厨房里的物品，只保留最低限度的用具。

——喜欢什么食物？
妻子加工的烤鸡肉和关东煮最棒了！

——对烹饪产生兴趣的契机？
不仅是烹饪，我好像从小就喜欢自己动手做各种东西。

——兴趣是什么？
露营、车内住宿这些户外活动。

——请透露一些正在收藏或忍不住会买的东西。
没有很多，但是我经常冲动购买大学纪念戒指。

——在家时最喜欢如何消磨时光？
天气好的日子把桌子搬出去搞BBQ，这样最棒了。

——请讲讲房间的主题和布置原则吧。
起居室是四个人的野营帐篷。

——请说说您最喜欢的家居品牌和店铺。
户外品牌snow peak的完成度很高，而且功能性优越，我总是忍不住买。

——为什么选择现在住的地方（地区）？
前往市中心很方便，而且周围市井气息比较浓郁。

——喜欢哪种着装风格？
倾向保守的同时又具有"个人风格"的着装。

——请介绍一下打造自身风格时最喜欢的时装品牌。
我认为具备了各种风格，同时又拥有极高完成度的BEAMS原创最好。

——加入BEAMS的契机是什么？
从事裁缝工作时认识了BEAMS的工作人员，这就是契机。

——在以往的工作中，最深刻的记忆是什么？
有一位喜欢定制服装的客人好不容易找到了自己喜欢的面料，一直很期待打样，但是突然失联了。后来那位客人的妹妹告诉我，他被卷入事故去世了。那位客人才40多岁。我想以裁缝的身份为他做些什么，便把那身衣服改成了可以给他妹妹穿的女士板型，并制作了样品。我希望兄长精心挑选的面料最后能够变成妹妹身上穿的西装，当时那位客人的妹妹哭着说这是兄长留给她的宝贵纪念。这段回忆我至今难忘。

1、2. 与邻居关系很好,常常能分到一些无花果、苦瓜和迷你番茄。"这一带的农协有很多当地种植的蔬菜,能够过上亲近自然、地产地消的生活。"3. 各种琐碎的生活用品都被收纳在餐厅后面的柜子里,给人感觉很清爽。4. 能在BBQ时大显身手的snow peak矮桌,还加装了自己制作的"冷藏柜"。其实是在放置生肉的托盘底下加了放冰块的空间。津田先生说:"我喜欢烹饪,但可能因为自己是做加工的,只要心血来潮,什么都会动手做出来。"夫人也与他性情相投,听说只花一天时间就做出了家门口的照壁。到装修公司借电钻,插上钢筋……这已经完全超越了DIY的范畴。孩子们也说:"他们啥都做。"5. 墙上展示着夫人喜欢的艺术家草间弥生的作品。起居室里放着可以随意移动的snow peak矮桌和椅子。在自己家享受BBQ和露营的一家人有时还会在车顶支帐篷露营。对津田家来说,户外活动并不是每年偶尔几次的消遣,而是日常生活的一部分。

这天，女儿做了蓝莓奶油奶酪冰激凌。清甜的风味让一家人赞不绝口。女儿喜欢研究甜品，每周都会做一次，家人过生日和结婚纪念日时也会大显身手制作蛋糕。这些甜品也体现着一家人的美满生活。

（上）极具品位的餐厅家具是刈谷木材工业的早期产品，已经使用了三十年。
（下）上高中的大儿子打鼓，上初中的女儿弹吉他，一对爱好音乐的兄妹。津田家的起居室就像大本营，一家人不知不觉就会聚集在这里。

FOOD ITEMS OF MINE

1. 盖新房时老友送的古董餐具,花纹独一无二,极具特色。2. 漆器小杯与杯托是一套,可以倒上满满一杯日本酒。津田先生推荐的酒号是"写乐""十四代""飞露喜"。3. 露营时做饭讲究简单,使用老式羽釜锅烧饭,还能做出好吃的锅巴。4. 横尾忠则的作品,日式花纹搭配骷髅花纹,是津田家的日用餐盘。5. 新削好的木鱼片是制作茶节(九州乡土菜,木鱼片味噌汤)和鲷鱼茶泡饭不可或缺的配料。木鱼在浅草购得。6. 常滑烧的比萨烤盘在野营和BBQ时都能用到。做比萨要从和面开始,做派十分讲究。7. 这竟是津田先生手工制作的刨冰机。使用木工刨加工,可以随意调节冰块厚度。8. 自家做的梅干。每年都要腌很多南高梅,放在阳光下晒干……很费工夫。

08 内田 隆法

社区设计师 / 42岁 / 东京都福生市

内田先生是个野营狂热爱好者，夫妻俩每月都要野营一次，今天还邀请了朋友一起远离都市的喧嚣，来到满眼绿意的野外。野营的魅力之一就是制作独家比萨，可以乐享烹调和品尝的乐趣。内田先生使用备受全世界爱好者欢迎的携带式烤箱制作比萨，味道堪比专业人士。今天他们与同样爱好户外活动的梶先生一家共同出行，体验头一次联合野营。大名鼎鼎的比萨让所有人都一脸满足。

——请说一样对厨房的讲究。
在户外这种脱离日常的场合制作美味的食物。

——厨房里最珍重的东西是什么？
比萨炉。

——最想在厨房里添置什么东西？
面包刀。

——喜欢什么食物？
成藏的炸猪排。

——做饭时最注重什么？
不仅是味道，连外表也要无比诱人。

——兴趣是什么？
所有户外活动（登山、滑雪、单板滑雪、野营、皮划艇）。

——请透露一些正在收藏或忍不住会买的东西。
古董马灯、炉子、帐篷等。

——在家时最喜欢如何消磨时光？
保养马灯。

——生活方式中最注重的主题是什么？
尽量不过无所事事的休息日。

——最喜欢家里什么地方？喜欢在那里做什么？
在起居室保养马灯。

——为什么选择现在住的地方（地区）？
因为无论到哪里去玩，开车都很方便。

——如何排解压力？
去户外游玩。

——喜欢哪种着装风格？
我有很多适用于户外活动的着装。

——请介绍一下打造自身风格时最喜欢的时装品牌。
ARC'TERYX、MOUNTAIN RESEARCH、AiE、rdv o glove。

——如何培养品位？
无论什么领域，都为其中独特的事物深深倾倒。

——加入BEAMS的契机是什么？
当时在涩谷的BEAMS TIME打零工。

——加入BEAMS最大的收获是什么？
兴趣方面的视野变广阔了，于是朋友也一下多了不少。

事先在家里准备好比萨饼皮的原料。以前都是用手揉面,最近换成了厨师机。每一块饼皮使用200克小麦粉,再加入干酵母等必要配料揉成面团,带到野营场地准备烤之前再撒一层干面粉将面团擀开,放上其他食材即可。用450摄氏度的炉火烤3分钟,就是一份绝品比萨。

（上）用epicurean的比萨铲和比萨刀将烤好的比萨切成合适大小，这套工具很薄，方便收纳，而且锋利好切。
（下）做好准备，即将开始烹饪的一行人。今天的野营与朋友握先生一家同来，两家人同样爱好户外活动，还经常结伴去滑雪。

1. 正在制作玛格丽塔比萨。饼皮上涂抹了内田先生特制的番茄酱，再撒上马苏里拉奶酪，烤好之后用罗勒叶点缀，连配色都很完美。今天的主食是三种比萨，P068—069从左至右分别是三元猪生火腿搭配芝麻菜、玛格丽塔和当作饭后甜点的"四种奶酪"（quattro formaggi）比萨。2. 用UUNI的不锈钢比萨铲检查烤制情况。大约一分半钟将面饼转半圈，保证整体均匀受热。3. DOMETIC的冷藏柜是用一瓶便携式燃气就能保冷的好东西。4. 野营椅使用了DULTON的骨架和BALLISTICS的布面。讲究坐感舒适也是野营的必备常识。5. 天然奶酪、马苏里拉奶酪和蓝纹奶酪等搭配而成的"四种奶酪"比萨烤得恰到好处。这是用作餐后甜点的比萨，淋上蜂蜜就能吃。6. 内田夫妇分工明确，一边做烤前最后的加工，一边烧旺炉火。只要在柴火旁边加一台小风扇，就能简单调节火力。这是内田先生独创的方法。

做比萨不可或缺的意大利厂商UUNI的便携式烤炉。自从遇到这个品牌,如今已珍惜使用了四年。去年还新购置了一架尺寸更大的炉子。把木柴切成小条放进里面点燃就能使用,特别方便。做出来的比萨也格外美味。

FOOD ITEMS OF MINE

1. 芬兰传统工艺制作的木杯（kuksa），这款是啤酒杯式的特大尺寸。2. 极为稀有的炉子，瑞典Max Sievert公司20世纪30年代制作。搭配Wear-Ever公司的迷你摩卡壶，烧出的咖啡风味别具一格。3. MOUNTAIN RESEARCH家的Anarcho Cups不锈钢餐具系列。4. 木工艺术家Akihiro Jin的轻型木杯"KIKISA"。使用PAPIER LABO.的江藤公昭设计的专用布袋能够防止木杯脏污。5. BALLISTICS的厨房纸筒。6. 野营必不可少的不锈钢水桶。7. neru design works的把手可拆卸式煎锅。8. 木工作家须田二郎制作的砧板。9. 20世纪70年代的PRIMUS双眼燃气炉，配色清新可爱。10. HALF TRACK PRODUCTS的湿纸巾盒。

MY FAVORITE RECIPE #1

夏山 爱美   Pilgrim Surf+Supply 办公室文员/28岁/东京都世田谷区

MENU
鹰嘴豆和藜麦的五彩沙拉

一次出国旅行品尝到这种沙拉，很是喜欢，便经常做来吃。鹰嘴豆绵软，藜麦弹牙，洋葱爽脆，各种口感交织在一起。这道沙拉只需简单三步便可制成，既能为餐桌增添许多色彩，又能让人品尝到食材完美融合的简单美味。

TIME
制作时间20分钟。

INGREDIENT
材料(2人份)

鹰嘴豆：适量
藜麦：1/2杯
西葫芦：1根
红甜椒：1/2个
紫洋葱：1/2个
香菜：1棵

【浇汁】
柠檬汁：1小茶匙
橄榄油：2—3大茶匙
盐：适量
颗粒胡椒：适量

RECIPE
制作方法

❶锅中倒入水(不包含在材料表中)煮沸，藜麦稍微涮洗后放入锅中加盖蒸熟(按照藜麦包装袋标明的方法即可)。

❷蒸❶的时候，将所有蔬菜切碎。

❸待藜麦放凉，将所有材料(藜麦、鹰嘴豆、蔬菜)放入沙拉碗，加入事先调好的【浇汁】拌匀。

*介绍该菜谱的夏山女士见于本书P040—047。

09 富田 久美

人才开发部
38岁 / 东京都杉井区

主菜是泰式鱼酱炒肉片和芦笋。富田女士说:"自从BEAMS的前辈教了我这道菜,我就经常做来吃。"配菜有麻油、胡椒粉和橙醋拌的番茄,以紫苏叶点缀,加一些小银鱼会更好吃。别忘了还有一道拌小松菜。

公寓的窗外是一片蓝天，通风绝佳。两人在这个整体翻新过的空间已经生活了一年，回家成了每天的乐趣，连下厨的次数都变多了。富田女士说："可能因为我俩都是群马县出身，饮食爱好很接近，都喜欢吃炒菜和烤鱼这些简单的菜肴。最希望能多学几种快手菜。"她的先生接过话头："我平时都特别主动洗碗。"可见这是一对充满了默契，生活安稳美满的夫妻。

——请说一样对厨房的讲究。
少即是好。

——饮食生活中不可或缺的东西是什么？
营养均衡，每天早上吃水果。

——最想在厨房里添置什么东西？
好看的碗橱。

——喜欢什么食物？
前辈教我做的泰式鱼酱炒肉片和芦笋。我们俩都很喜欢吃，所以经常做。

——对烹饪产生兴趣的契机？
跟丈夫刚开始交往那段时间，我一心想让他吃到好吃的饭菜，便开始努力学习烹饪。

——做饭时最注重什么？
LOVE。

——请透露下餐饮方面经常参考的信息源。
胜子妈妈(丈夫的母亲)。要是烹饪方面有什么不懂，我就打电话去问(笑)。

——兴趣是什么？
旅行，赏花。

——请透露一些正在收藏或忍不住会买的东西。
明信片。只要进了美术馆或者博物馆，或是出门旅行，我就忍不住要买。

——生活方式中最注重的主题是什么？
沐浴到阳光。

——请讲讲房间的主题和布置原则吧。
不受类型限制的物品选择，布置照明位置和亮度时注重使人放松。凡事都要夫妻俩边商量边做。

——请说说您最喜欢的家居品牌和店铺。
TRUCK Furniture、COMPLEX UNIVERSAL FURNITURE SUPPLY。

——每天搭配服饰时最爱用的单品是什么？
长裙，丈夫送的ROLEX。

——请介绍一下打造自身风格时最喜欢的时装品牌。
MARIHA、ATON、Demi-Luxe BEAMS。

——在以往的工作中，最深刻的记忆是什么？
在大宫店和新宿店担任店长的日子，每天都像上女校一样开心，而且需要认真的时候绝不含糊！能够遇到那些把握好ON/OFF状态的工作人员，让我的日子非常充实。

白色瓷砖墙与不锈钢组成的厨房,兼具无机质与温暖的感觉。挂在墙上的厨房用品统一为不锈钢制品,木铲和菜箸则收纳在玻璃容器中。为了方便取用,每天早晨使用的榨汁机和拌沙拉用的干果都摆在厨房料理台上。

（上）古董风格的沙发专门从TRUCK Furniture定制。能够将身体完全包裹，坐感异常舒适。（下）起居室和卧室之间摆放着大型植物，形成了间接隔断效果。窗边的墙上装饰着新婚旅行时在巴斯克地区拍摄的照片，营造出明亮氛围。

1. 富田女士的专用餐椅是以刚健稳固知名的hobo和大阪起家的家具店TRUCK Furniture的联名产品。经营美容院的丈夫说:"如果我没当上美容师,可能就去搞家具了。"可见他对室内装潢的极致讲究。"我喜欢与艺术家和工匠实际交谈,越是了解作品的背景和制作过程,我就越感兴趣。" 2. 土豆和洋葱装在胚布做的口袋里,用菜篮包(marche bag)收纳。 3. 两人在室内更喜欢穿人字拖。"一开始只有丈夫穿,后来我也渐渐开始穿人字拖了(笑)。" 4. 富田女士的首饰都收纳在一只古董木盒里。支撑木盒的板子来自丈夫的父母家。富田先生说:"我家在群马县,以前开过养蚕场,我希望能够重新利用那些旧器具,作为对往昔的纪念。"室内摆着印有家业商标"富田"的卷丝台和苹果箱,还有悬挂灯具的铁链,随处都能看到残留着往昔印记的旧东西。 5. 夫妻俩一致认为:"要住在开阔的地方。"在这里,晴朗的日子能够眺望富士山,晚上还能欣赏新宿美丽的夜景。

（上）富田家装饰着许多仙人掌和观叶植物，看起来绿意盎然。
（下）餐具柜上层展示了咖啡爱好者富田先生爱用的CHEMEX咖啡壶，还有茶爱好者富田女士最喜欢的雪白茶壶和茶叶。中层则收纳了两人喜欢的日式餐具。

FOOD ITEMS OF MINE

1. 两人爱用的餐具为Cutipol的产品，具有纤细的把手和美丽的曲线。2. 安装了不锈钢提手的天然木材砧板。一眼相中了它好看的外形。3. 这个烤面包盒可以煮、烤、煎、蒸，用来做葛惠子女士推介的吐司面包。富田家制作焗饭和肉饼时也会用到这个烤盒。4. 从正上方看下去，就能看到花朵的轮廓。在BLOOM&BRANCH购得。5. 干净的造型和配色。iittala的餐具是富田先生独居时就很喜欢的产品。6. 让人感受到大自然的壮阔的木化石杯垫。每个杯垫都有独特的表情，宛如艺术品。7. 两人第一次挑选的夫妻茶杯。散发着佐佐木薰作品特有的简约与深邃。8. COLE & MASON的电动盐瓶和胡椒瓶是朋友送给两人的结婚礼物。9. 干果是每晚沙拉必不可少的配菜。"苏丹纳葡萄干不仅好吃，而且实惠，特别推荐。"

⑩ 二口 辉章

BEAMS T买手
33岁 / 东京都世田谷区

089

二口先生的朋友——BEDWIN & THE HEARTBREAKERS店铺经理金谷先生特制的意面是今天早午餐的主菜。搭配迷你番茄、蘑菇、小松菜，用凤尾鱼调味。原来他昨晚就在二口先生家做过一顿饭了。据说这位是二口家中频繁举办的餐酒会的首席大厨。

不做饭的二口先生身边全是手艺了得的朋友。今天也有一位擅长意大利菜的朋友来制作早午餐。每逢周末，三两朋友、有时甚至是成群结队的朋友会相约到三轩茶屋一带的居酒屋去聚餐，或是到二口先生家中闲聊，度过对成年人来说十分宝贵的闲暇时间。经常碰头的人都住在三轩茶屋附近，无论什么时候，只要一个电话就能叫来。

——最想在厨房里添置什么东西？
煮饭好吃的电饭煲。

——喜欢什么食物？
肉酱咖喱、各种蛋包饭，忠司做的意面，健人做的菜。

——兴趣是什么？
看电影、打游戏、看书、大家一起热热闹闹地喝酒、边逛街边找地方吃喝、泡澡。

——请透露一些正在收藏或忍不住会买的东西。
艺术作品，Supreme的滑板板面、靠枕、贴纸。

——在家时最喜欢如何消磨时光？
从早到晚打游戏，呼朋唤友聚餐喝酒，泡在热热的洗澡水里出汗。

——生活方式中最注重的主题是什么？
有一群可以一同放松的朋友。

——为什么选择现在住的地方（地区）？
离单位近，有很多酒馆，啥都齐全。

——喜欢哪种着装风格？
方便行动的宽松款式。

——请介绍一下打造自身风格时最喜欢的时装品牌。
有很多，最近比较喜欢TONE。另外还有气质优雅得恰到好处的TEATORA（虽然剪裁宽松，但是讲究面料和板型，穿好几年都不显旧）。

——如何培养品位？
不拘泥于年龄，跟各种人交谈。因为别人拥有与自己不同的价值观和思考方式，能让人学到很多东西。在工作上，我经常跟艺术家和设计师聚餐，受到了很多启发。

——加入BEAMS的契机是什么？
受到喜欢服装的哥哥影响，我也开始对这方面感兴趣，从高中起就想在BEAMS工作，毕业后马上应聘了BEAMS的兼职。当时审核简历被刷了很多次，我至今还记得（笑）。

——在以往的工作中，最深刻的记忆是什么？
8月底，原宿搞了BEAMS T的活动，于是我7月末就去纽约跟定居在那里的Koki Sato商量照片展的事情。跟Koki开完会，我去调研商店和画廊，突然天降大雨。就在我躲雨的时候，竟然看见Koki抱着相机冒雨出去拍照，不禁感叹他连这种天气也坚持出门拍摄啊。到了照片展的时候，Koki突然拿出作品说："这是那天下雨时拍的。"把我给吓了一跳。真是太帅了。

1. BEAMS T在原宿举办以纽约为中心展开活动的Koki Sato个展时留下的纪念照片。去年夏天到纽约出差,两人实现了命运的邂逅,11月就提出邀请,今年8月终于大功告成。2. 小心翼翼观察金谷先生做饭的二口先生。今天的主菜意面花样大约有五六种,必不可少的是海鲜和番茄酱。二口先生吃过所有口味,据说全都很赞。配菜是煎培根凯撒沙拉和牛油果酱。3. 主营袜子的大阪品牌WHIMSY搞快闪店时制作的le coq sportif联名球衣和袜子。4. 徽章是二口先生总是忍不住收集的东西。有的是因为兴趣而购买,有的是成功举办活动的纪念,除了盘子里的徽章,另外还有许多。5. 从小就喜欢看书的二口先生家,书架上摆满了自己收藏的书籍。有最近迷上的安达充作品、《灌篮高手》、漫画迷绝对不能错过的《王者天下》和《宇宙兄弟》等人气作品,以及目前最喜欢的《BLUE GIANT》。除了这些漫画,还有池井户润、东野圭吾等人气小说家的文库本。

BEAMS T在原宿举办了插画家小田原爱美的个展,这次展出的各式周边都是二口先生的重要藏品。二口先生亲自设计的"房间一景""站在房间向外眺望的视角"等主题插画作品展都人气极高,现在已经成了难忘的回忆。

平面艺术家VERDY带着"没有一丝无用之物"的想法创建的Wasted Youth品牌旗下的各种商品也都是二口先生引以为豪的宝贝。有平面艺术T恤、短裤、小手袋、靠枕等。还有一些宝贝根本不舍得穿，都小心翼翼地存放起来。

FOOD ITEMS OF MINE

1. Supreme与意大利设计、艺术界巨匠亚历山德罗·门迪尼（Alessandro Mendini）联名制作的托盘。色彩鲜艳，绘有几何图形，反面还有合作双方的签名与标识。一个用来放零碎小物，另一个用来放下酒菜。2. 平面艺术家VERDY参与制作的Girls Don't Cry马克杯和玻璃杯。二口先生与VERDY是高中同学，而且是一直玩在一起的好朋友。当时两人就互相倾诉了对服装和平面艺术的梦想，还约定将来要一起工作。3. 放在厨房的Supreme烟灰缸是唯一在二口先生家做饭的朋友才能使用的东西。4. 自己购买的HUF水杯。

11 山田 彩

BEAMS池袋
29岁 / 千叶县我孙子市

山田夫妇二人都是千叶县出身,而且从初中开始就是朋友,在室内装潢和饮食喜好上特别默契。上大学时,山田女士因为在咖啡店做后厨兼职,开始对烹饪产生兴趣。她先生也很会做饭,平时有时间就会一起做。日常最注重视觉和味觉上都能让人感到幸福的饭菜。

——请说一样对厨房的讲究。
最重视便利性,尽量不放置多余的东西,烹调之后还要彻底清洁,防止留下水垢污渍。

——厨房里最珍重的东西是什么?
每年去益子陶器市场买来的餐具。

——饮食生活中不可或缺的东西是什么?
器物。我认为,器物的造型和色彩能够左右人对食物的期待。

——喜欢什么食物?
入谷有一家名叫"生活酒馆奥伊丽亚"的小店,里面的人气菜单中有一道土豆沙拉,只要吃上一次就会着迷。

——请透露下餐饮方面经常参考的信息源。
常常会参考自己去过的餐饮店的菜单。还有就是Instagram。

——兴趣是什么?
逛古着店,逛园艺店,化妆,听音乐,逗猫。

——在家时最喜欢如何消磨时光?
早上早起,跟猫一起来到阳台上,给植物浇水。

——生活方式中最注重的主题是什么?
重视舒适感,不放太多没用的东西。

——为什么选择现在住的地方(地区)?
因为离彼此父母家都近。

——如何排解压力?
逗猫,唱卡拉OK,跟朋友见面。

——喜欢哪种着装风格?
喜欢Vintage MIX的风格。

——请介绍一下打造自身风格时最喜欢的时装品牌。
THE Dallas、repetto、RALPH LAUREN、Ray BEAMS、BEAMS BOY。

——如何培养品位?
尝试各种风格。

——加入BEAMS的契机是什么?
上学时常跟父母、朋友去购物,当时就对BEAMS很感兴趣。

——加入BEAMS最大的收获是什么?
明白了自己喜欢什么样的服装,适合什么样的服装。

——在以往的工作中,最深刻的记忆是什么?
有一次,一位即将接受工作面试的应届毕业生到店里来买面试的衣服。当她得到那份工作后,还专门到店里来告诉我,让我也感到很幸福。

山田夫妇的幸福一刻就是工作结束后一起喝上一杯啤酒。两人喜欢在家做饭,也喜欢外出吃饭,常去的店有北千住的酒吞俱乐部阿塔尔、入谷的生活酒馆奥伊丽亚。两家店的老板都是冲绳人,而且他们的菜品都非常棒。

（上）挑选房子时起到决定作用的大露台。今后会在放露台沙发的位置添置一些植物，地上也准备重新铺设地砖。从这里可以清楚看到手贺沼烟花大会的烟花盛况。（下）干净整齐的起居室。室内装潢经常参考杂志Come home!。

1. 走廊上装饰着嵌在画框里的明信片。2. 山田女士对美容和化妆品很有兴趣，"看到限量销售的化妆品就忍不住购买"。现在沉迷于看视频网站上著名发型化妆艺术家的化妆课程。3. 各种别致小物，都是先生的东西。两人同时休假时，还经常一起出去购物。4. 查理是只怕生的公猫，家里一来客人就会躲到洗衣房的角落里。这天它在猫爬架上战战兢兢地看着镜头。5. 这些植物为房间打造了生趣盎然的氛围。山田夫妇经常到川崎的SOLSO FARM、南青山的SOLSO PARK、千叶市的the Farm UNIVERSAL等植物园去逛，遇到一见钟情的植物，就会忍不住买回来。

今天的菜品是添加罗勒的德式煎土豆+萝卜泥+海葡萄，主食是玄米和白米各占一半的肉酱咖喱。山田夫妇对彼此做的任何菜肴都十分喜爱。两人常在休息日做好许多饭菜放着，最经常吃炖煮类菜肴与日本料理。

FOOD ITEMS OF MINE

1. 陶艺家坂下花子制作的美丽条纹装饰的益子烧。2. 在关岛购得的Sistema Plastics密封容器。绿色的自带蘸酱架,专门用来存放蔬菜棒,粉色的自带汤匙和餐叉,蓝色的内有分区,用来装便当特别方便。3. 工作结束后跟同事聚餐时常用的杯套。4. 颜色多彩的Trudeau量勺。5. 特别喜欢的LISA LARSON的杯垫。6. 花朵图案的隔水垫也是长年爱用的物品。7. 专为手指开了孔,用起来很方便的mina perhonen托盘。8. AKOMEYA TOKYO银座店开张时销售的联名升盒。开张那天排了好长的队都没买到,后来再次销售时终于买到手。9. 美容与健康必不可少的THREE营养补充剂,最爱Rhythm Beauty和Rhythm Serenity两种。

瀬田 明子

（上）濑田女士喜欢把朋友叫到家里来热热闹闹地聚会。后辈坂口女士是她早在独居时期就经常一起玩的好朋友。（下）不带皮的饺子包裹在铝箔纸里蒸烤可以去除油脂。选用冲绳陶器等餐具时，注重衬托饭菜的美味。

濑田夫妇今年5月刚刚结婚。这天两人叫上了同事和朋友,在家中聚餐,顺便公布结婚的消息。烹饪的主题是低糖高蛋白。种种控制了碳水和油脂的饭菜摆在胡桃木餐桌上,显得特别热闹。大家坐在一起干杯,各自拿着喜欢的饮品,毫无隔阂地畅聊。这样的餐桌一刻,或许就是人生的调剂。

——请说一样对厨房的讲究。
要时刻保持明亮而方便使用的状态。

——厨房里最珍重的东西是什么?
外婆送给我的围裙。

——饮食生活中不可或缺的东西是什么?
只要有美丽的器皿,就无所畏惧。

——最想在厨房里添置什么东西?
刺身刀。

——对烹饪产生兴趣的契机?
看到吃饭的人的笑容。

——做饭时最注重什么?
菜品迎合用餐的人。还有简单又好看。

——请透露下餐饮方面经常参考的信息源。
经常在书店正面展示的烹饪书。还有网上检索、Tassin志麻的文章,栗原晴美的菜谱等。

——兴趣是什么?
看书,听音乐,弹尤克里里。

——在家时最喜欢如何消磨时光?
把家人和好朋友叫过来聚餐。

——生活方式中最注重的主题是什么?
书、音乐和鲜花。

——请讲讲房间的主题和布置原则吧。
因为是两人一起生活,宏观的空间平衡由他来把握,细处的物品则由我来决定。主题应该是"让人想回家的房间"吧。

——最喜欢家里什么地方?喜欢在那里做什么?
准备好茶和点心,坐在沙发上看看喜欢的书,打打盹儿。

——喜欢哪种着装风格?
按照当天的心情选择,或休闲或隆重。

——每天搭配服饰时最爱用的单品是什么?
各种首饰。我很喜欢漂亮的小东西。

——加入BEAMS的契机是什么?
我莽撞地投了简历给上学时就很喜欢的公司,结果证实和它很有缘分。

——加入BEAMS最大的收获是什么?
可以见到很多又酷又棒的人。

1. 生活的目标是被书本、音乐和鲜花包围，房间随处可见最喜欢的物品。起居室散发着休闲气氛，沙发上放了北欧风花纹的靠垫和LISA LARSON的小狮子。窗边摆着MIC*ITAYA、山口智子的插画作品。吉冈德仁设计的Kartell边桌上装饰着干花，营造亲近大自然的印象。2. 濑田女士几年前开始学习尤克里里。"目前的目标是跟喜好草裙舞的母亲合作演出。"3. 书房的架子上摆满了喜欢作家的作品。"只要见到村上春树和吉本芭娜娜的书就会买回来。"4. 在BEAMS AT HOME 2登场的本间前辈的女儿在濑田夫妇结婚时送了一幅手作剪切画，是两人的宝物。5. 玄关尤为引人注目的Pizzicato Five海报。上学时就是他们的粉丝。

（上）为了欢迎和感谢各位朋友捧场，桌上摆放了留言饼干。
（下）自从开始去健身房，家中就格外注意低糖高蛋白的饮食。这天做了西班牙海鲜糯米饭，牛腿肉排，黄瓜鸡胸肉拌梅子酱，全都是健康又有分量的饭菜。

烤肉是先生的工作。这天的主菜牛排也由先生负责。先用盐和大蒜调味,轻微灼烤表面,然后包在铝箔里,放在余热中10-20分钟慢慢焖熟,就能做出柔嫩的口感。只需多一点工夫,就能得到更美好的享受!

FOOD ITEMS OF MINE

1. BEAMS JAPAN特别定制的厚蛋烧煎锅。厚蛋烧加入明太子、青紫苏、毛豆、奶酪等材料，可以获得不同口味。2. TARO中华炒锅的锅柄为钛合金制作，不仅轻，还不容易导热。3、4、8、10. 都是很喜欢的冲绳陶器。一翠窑的方盘图案丰富，让人忍不住想收集。水蓝色圆盘最适合用来盛放肉菜或刺身。5. 以富士山为意象的饭碗分大中小三个尺寸，经常使用。6. 村上春树巡访爱尔兰蒸馏厂后写下的散文，让人看了就想喝威士忌。7. BEAMS JAPAN特别定制的筷子，天然杉木材质，很适合用在喜庆的场合。9. 位于清澄白河站的iki ESPRESSO咖啡店和MOONSTAR联名制作的橡胶杯垫。11. 外婆赠送的日式围裙。12. 以BEAMS橙为基调烧制的信乐烧牙签筒。

13 天木 敏彦
BEAMS STREET 横滨 / BEAMS Planets 横滨
40岁 / 神奈川县横滨市

无论是室内还是户外，天木先生的固定菜品都是热三明治。去年夏天他在横滨一个充满绿意的地方定居下来，平时最喜欢徒步和露营。天木先生的爱好之一就是在大自然的环绕下用餐。在他精心设计的菜单中，当属热三明治是最爱。在远离城市喧嚣的地方亲手制作好吃的饭菜。能够不被任何人打扰地度过这宝贵的一刻，是天木先生最大的快乐。

——请说一样对厨房的讲究。
像烤吐司机和炸锅这种生活感很强的烹饪器具，我会尽量放在不起眼的地方。平时很注意保持空间的清洁感，让人随时可以冒出"好！吃饭吧！"的想法。

——最想在厨房里添置什么东西？
换气用的小空气循环器。

——喜欢什么食物？
热三明治，各种油炸食物。

——对烹饪产生兴趣的契机？
我去美国时在山中徒步旅行了大约三个礼拜，当时深刻感受到了"食"的重要性。在此之前，我觉得"食物只要能吃就好"，后来才意识到，让吃变成一种幸福也是很重要的事情。

——做饭时最注重什么？
因为我不会做很复杂的菜，所以关键在于如何做得简单又好吃。还有，因为是一个人生活，要随时注意不买太多，不做太多。

——兴趣是什么？
徒步和露营这些户外活动。我特别喜欢一次带上好几天的食材、备好帐篷，进行长距离徒步。

——生活方式中最注重的主题是什么？
亲近自然，感受四季。

——请讲讲房间的主题和布置原则吧。
明确区分可以让人看的东西和不想让人看的东西，维持收纳的平衡。

——最喜欢家里什么地方？喜欢在那里做什么？
一边在二楼餐厅喝咖啡，一边看书或看电视。

——为什么选择现在住的地方（地区）？
因为附近就是四季之森公园，整个后山充满了自然气息，能够让人心情平静。这里每天白天都能听到各式鸟鸣，晚上特别安静。

——喜欢哪种着装风格？
恰到好处融入城市格调的运动和户外MIX风格。

——每天搭配服饰时最爱用的单品是什么？
宽松的HEAVYWEIGHT COLLECTIONS T恤。HOKA ONE ONE®的运动鞋。

——请介绍一下打造自身风格时最喜欢的时装品牌。
Loopwheeler、山与道。

正在制作热三明治的天木先生。为了能够带着舒畅的心情进行烹饪，二楼厨房空间时刻保持清洁。零碎的东西用三色保鲜盒保存，烹饪器具用钩子和横杆悬挂收纳。餐具收纳在架子下层，盖上白雪家的毛巾。

118

（左上）漆器和马克杯分门别类收纳在柜子里。（左下）一楼卧室的角落里展示着自己收藏的面料和印花方巾。寝具盖单是AALTO的，椅子是JOHANNA GULLICHSEN的，墙上的布料画是柳宗理的。（右）artek的餐桌。在这里读书或进餐，度过日常生活里颇为重要的时间。

（上）整齐干净的厨房。南部铁器鱼形摆件虽有铁的厚重感但造型可爱，有种反差萌。（下）总会忍不住收集带盖的小鹿田烧。

1. 从内部楼梯走上二楼，迎面就能看到可爱的Eames Elephant。这是天木先生十年来一直很喜爱的东西。蓝底白色弧线，让人印象深刻的詹姆斯·特瑞尔（James Turrell）海报是参观纽约古根海姆美术馆时买到的。2. BIALETTI意式浓缩咖啡机冲出来的咖啡风味绝佳。3、4. 天木先生喜欢出国旅行，或是露营，或是观光，有时也进行工作研修。目前已经去过纽约、洛杉矶、旧金山、伦敦、巴黎、米兰等城市。他的书架上也摆满了旅行、户外和世界民艺相关的书籍。约翰·缪尔（John Muir）是他敬重的自然学家之一。天木先生还徒步穿越过以他的名字命名、起点位于约塞米蒂国家公园（Yosemite National Park）的约翰·缪尔步道（John Muir Trail），耗时21天。这条步道号称徒步圣地，必须事先获得批准才能前往。5. 各种布料藏品。有未经剪裁的罕见古董花布，还有带HORSE BLANKET RESEARCH标签的斗篷。

今天的热三明治配料有两种,分别是火腿奶酪和天木先生独创的香菜鸡(鸡肉、卷心菜丝和LOVE香菜酱)。吐司选用了比较好烤的分切成8片厚度的,搭配沙拉和水果,营养全面。其他固定配料还有金枪鱼玉米蛋黄酱和咖喱面包三明治。

FOOD ITEMS OF MINE

1. 源自巴西的直火热三明治烤盘品牌Baw-Loo。无论露营还是在自己家都很爱用它。2. 在横滨市设有店铺的TERA COFFEE and ROASTER的咖啡豆。3. 只要用了LOVE香菜酱，普通热三明治就摇身一变成了正宗民族风味三明治。4. 在中目黑ROOTS to BRANCHES入手的小石原烧餐盘。5. 贝印厨房剪，轻松分解食材。6. 20世纪50年代法国制造的古董餐桌布。7. BALMUDA的"The Pot"是一款使用简单、外表美观的电水壶。8. 已经相守十年的BIALETTI意式浓缩咖啡机。它是天木先生咖啡生活中不可或缺的一分子。9. 轮廓优美引人注目的GAS COOKER炉子。10. The Magic Water清洁剂的原材料只写着特殊的水，用来除菌去污效果都很好。

14 神谷 智美
PR战略部
29岁／东京都品川区

买下这间公寓是为了给父母养老，目前刚开始独居生活。自己做饭让她爱上了烹饪，每天下班回家第一件事就是做胡萝卜丝拌菜和卤蛋。神谷女士说："我喜欢这种奶奶给我做的温柔味道。"今天，她准备了各色家庭熟食。泡一壶茶放松下来，她与朋友的幸福时刻就开始了。

——请说一样对厨房的讲究。
不放太多东西。

——饮食生活中不可或缺的东西是什么？
器皿。我旅行时经常会买一些带回来。

——最想在厨房里添置什么东西？
酸奶机。

——喜欢什么食物？
栗子庵的鲷鱼烧。面饼厚度恰到好处，甜度也合我心意。季节限定销售的白玉毛豆馅也特别好吃。

——对烹饪产生兴趣的契机？
我原本就很喜欢美食。

——做饭时最注重什么？
为了减盐而多用高汤。

——请透露下餐饮方面经常参考的信息源。
三轩茶屋站附近的居酒屋"一圆盘饮食店"的熟食。

——兴趣是什么？
看漫画。

——请透露一些正在收藏或忍不住会买的东西。
茶叶。每次旅行都忍不住买。

——在家时最喜欢如何消磨时光？
在沙发上放松。

——生活方式中最注重的主题是什么？
放松。

——请讲讲房间的主题和布置原则吧。
色彩统一，还有不放太多东西。

——最喜欢家里什么地方？喜欢在那里做什么？
放一包自己喜欢的浴盐，悠闲地泡澡。

——请说说您最喜欢的家居品牌和店铺。
埼玉的画廊兼咖啡店takase。

——为什么选择现在住的地方（地区）？
因为这里的景色跟妈妈的故乡中国香港很像。

——如何排解压力？
吃好吃的，美美睡一觉。

——每天搭配服饰时最爱用的单品是什么？
在工房定做的钻石项链。

——加入BEAMS最大的收获是什么？
认识了许多有魅力的人，让自身的价值观发生了改变。

（上）原本在BEAMS隶属同一部门，很擅长做饭的朋友。她们现在关系还很好，经常一起出去旅行，聚到一起吃饭。从fennica和CPCM购得的餐具摆在餐桌上格外好看。（下）桃子、马苏里拉奶酪、碎薄荷叶、椒盐和橄榄油拌成一道清爽的奶酪沙拉。

（上）造型古典的展示柜。里面有小酒瓶、MINTON和WEDGWOOD的盘子，Polo Club的杯碟，还有非常爱惜的首饰。（下）神谷女士的固定菜单——萝卜丝拌菜。把萝卜丝、鲭鱼罐头和蘸面汁拌在一起就算完成。

1. 照片右侧是母亲正在收集的迷你香水。20世纪70年代的美国加利福尼亚、80年代的英国伦敦，拍摄了许多城市文化的日本代表摄影家小林昭的作品被放在相框里装饰。据说是Pilgrim Surf+Supply举办的照片展上的展品。白色花器摆件是美大出身的妹妹学生时期制作的作品。下面的方形盒子可以用来收纳充电器，以免露在外面显得杂乱。全手工制作的APOTHEKE扩香器，很喜欢温柔的香薰。Chloé的香水用在想要突出女性柔和感的时刻。SABON的护肤油是洗澡后的必需品。去金泽旅行时购得的陶器用来放香水和润唇膏。白色的编织纸巾盒很适合简约而自然的房间氛围。2. 相比华丽又多彩的花卉，神谷女士更喜欢简单的绿色系植物。这天来聚会的朋友都说："绿色植物和她散发的绿色天然气息很相称。" 3. 今天用来下饭的是气味芳香、清淡爽口的玉米茶。4. 朋友送的白木吧台桌作为每天的餐桌，使用频率极高。

今天的菜品是胡萝卜丝拌菜、烧卖、卤蛋、柠檬汁腌泡的牛舌拌洋葱、秋葵腐竹沙拉,后面是桃子奶酪沙拉。做卤蛋只需将半熟的煮鸡蛋放在蘸面汁里泡一晚上就好,操作很容易。听说神谷女士的父亲也很喜欢这道菜。

FOOD ITEMS OF MINE

1. 从中国香港买回来的茶。从上到下分别是茉莉花茶、铁观音、普洱。包装很讨喜的中药茶包可以排毒消水肿。2. 去越南旅行时买回来的茶叶。3. 早饭不可或缺的QUAKER燕麦片。先用椰油翻炒，然后加入蜂蜜或有机苹果糖浆拌匀，就成了格兰诺拉麦片。4. 在香港批发店一条街买到的盘子和汤匙，最喜欢这种分量十足的手感。5. 图案漂亮的餐盘来自1928年创业，以制作"半岛酒店式"餐具闻名的老店粤东瓷厂。6. 中、西、日风格兼备的有机煎焙绿茶——华焙。7. 有机苹果制成的苹果糖浆。用天然甜味成分代替了白砂糖，是一种低糖的健康调味料。8. 蓝色圆盘。一眼就相中了它歪歪扭扭的形状和凹凸不平的花纹。9. 越南传统手工艺品——钵场瓷的小物盒与餐盘。

15
前田 太志
PR战略部 媒体运营
35岁/埼玉县川口市

（上）平时出去露营一直负责当大厨。前田先生的露营风格就是站在临时搭建的户外厨房里不断做好吃的。（下）柠檬锅、蘑菇烩饭、台湾面线、薄切三文鱼，这桌饭菜一看就很好吃。"我的风格就是在户外也做家里吃的东西"

前田先生十分痴迷烹饪，甚至在时尚杂志拥有一个美食连载专栏。他的手艺即使在户外也毫不逊色。这天，BEAMS的员工和朋友聚集在轻井泽Rising Field，人数一共七人。前田先生只花30分钟就做好了一桌子菜。"关键在于做的时候别下太多功夫。我的烹饪风格就是看起来很讲究，其实处处偷懒，简单得很。"

——请说一样对厨房的讲究。
不让调味料断货。

——厨房里最珍重的东西是什么？
中式炒锅。

——饮食生活中不可或缺的东西是什么？
高汤。

——最想在厨房里添置什么东西？
各国调味料。

——喜欢什么食物？
Peyong炒面。

——对烹饪产生兴趣的契机？
上学时做过兼职。

——做饭时最注重什么？
摆盘。

——请透露下餐饮方面经常参考的信息源。
半成品食材区（不会买，只是通过背面的材料表想象味道，然后自己做）。

——兴趣是什么？
开车兜风。

——在家时最喜欢如何消磨时光？
做饭。

——最喜欢家里什么地方？喜欢在那里做什么？
在沙发上放松，看电视。

——如何排解压力？
运动和做饭。

——喜欢哪种着装风格？
美式休闲。

——每天搭配服饰时最爱用的单品是什么？
运动鞋。

——请介绍一下打造自身风格时最喜欢的时装品牌。
Dickies。

——请透露下室内装潢和服装时尚的信息源。
BEAMS成员。

——请说说今后想添置的物品。
吸尘器。

——如何培养品位？
经验。

——加入BEAMS最大的收获是什么？
交了很多朋友。

1. 多种多样的调味料都在去露营的路上到超市采购。如此丰富的种类正是前田先生户外烹饪的精髓。"日、西、中（餐调味料），基本上每次都带这么多。别人往往会比较注重露营装备，不过我是负责做饭的，更注重这些（笑）。基本就是只带食材和调味料过去，然后蹭别人的露营装备用。" 2. 一起露营的BEAMS成员都格外满足。在树荫下吃热腾腾的饭菜，真是别有风味。3. 柠檬锅里加入百里香调味，以白身鱼为主材，口味清爽宜人。"柠檬锅和台湾面线都是出门吃饭时记住了味道，后来凭感觉再现出来的。" 4. 连户外活动中很难尝到的薄切肉片，也能用新鲜食材快速制作出来。5. 蘑菇烩饭以冷冻炒饭为底料，将蘑菇粗切开放进去，香气四溢。"关键在于不解冻直接炒，这样即使混入水分，也不会让饭粒没了嚼劲，正好制造出烩饭的口感。"

猪肉菜卷使用导热良好的LODGE铸铁锅制作,充满了户外烹饪独有的豪放。

吃完就开始制作第二轮菜肴的前田先生。泡菜、豆芽、奶酪和猪五花卷在一起煎熟,简单豪放,特别适合配啤酒。加入大量蔬菜的汤意面正好压轴。一个汤锅、一个煎锅就能做成的美食既方便又好学。

FOOD ITEMS OF MINE

1. 瑞典品牌trangia的厨房套装。各种锅和壶可以完美收纳起来。2. snow peak、ARC'TERYX等品牌的雪拉杯。微笑杯是在燕三条生产的BEAMS原创产品。3. 在中国台湾迪化街买的厨房用品。4. Iwatani的双眼炉防风防熄灭,而且兼容家用煤气罐。5. LODGE的铸铁锅有一定深度,热传导率高,实属名品。6. Coleman×BEAMS的初代联名户外椅。7. THE NORTH FACE的干毛巾。吸水速干,很适合用来擦拭洗干净的餐具。8. 去ARC'TERYX温哥华总公司采访时获赠的LEAF LINE非卖品小拉链袋。9. 用来收纳厨房用品的BEAMS联名后备厢收纳盒。10. 坚固的YETI收纳箱。

⑯ 藤井 润一

BEAMS 名古屋
28岁/爱知县尾张旭市

藤井先生喜欢老物件，藤井夫人喜欢杂货。两人在名古屋郊外购入的新居里恰到好处地安放着在家装店严格挑选的古董家具。目前厨房用品还不太多，不过有艺术家朋友制作的茶杯和祖母以前爱用的茶器，都是珍贵的宝物。据说，把能够体现人与人关系的物品纳入日常的生活，就可以让餐桌变得风味十足。

——饮食生活中不可或缺的东西是什么？
烹饪这方面全部交给妻子，所以我大概会选酒。我喜欢烧酒。

——喜欢什么食物？
每次我跟朋友在外面喝酒到深夜，妻子一定会做点东西给我吃，其中我最喜欢的就是盐饭团。

——兴趣是什么？
逛古着店、去不同的居酒屋。还有，只要在外面发现旧货店，肯定会进去看看。

——最喜欢家里什么地方？喜欢在那里做什么？
坐在沙发上喝酒，还有睡午觉。

——请说说您最喜欢的家居品牌和店铺。
名古屋的STORE IN FACTORY、Favor、re-kagu。这些地方都有很多古董家具。买新房的时候，我们俩逛了很多商店。

——为什么选择现在住的地方（地区）？
正好处在我父母家和工作地点的中间，另外也是我们俩都熟悉的地方，上学时就常来附近玩耍。

——喜欢哪种着装风格？
自从初中开始对时尚感兴趣，我就很喜欢美式休闲。在当地美式休闲店铺买的牛仔裤就是第一次的邂逅。另外，我有段时间还经常去逛大须的古着店。

——每天搭配服饰时最爱用的单品是什么？
春夏是Hanes，秋冬是Champion。

——常看的杂志、书或者网站等，有关室内装潢和服装时尚的信息源是什么？
会仔细、反复地察看BEAMS的前辈们的Instagram，比如和田先生、横沟先生、相田先生和的山先生几位的Instagram。

——加入BEAMS的契机是什么？
上学时，除了古着店，我最经常逛的地方就是BEAMS。里面员工的穿着搭配比任何地方都好看。后来经过面试，我幸运地被录用了。

——加入BEAMS最大的收获是什么？
前辈们不光在服装方面，还在吃喝住等方面让我学到了很多。我认为这是一个充满新鲜刺激的环境。

蔬菜是从夫人长野老家寄来的。简单的菜肴突出了食材本身的美味,藤井先生很喜欢。每天,夫人快手制作的饭菜成了两人的活力源泉。藤井先生总能在简单的风味里感受到幸福,其中最美味的就是盐饭团。

平时饭菜都由夫人负责制作。这天有蔬菜条、厚蛋烧、盐饭团和味噌汤。相比材料搭配复杂的饭菜，两人更喜欢传统的简单饭菜。因为是两个人生活，餐具数量并不多，不过特别珍惜现在拥有的东西。

1. 在名古屋灯具店garage NAGOYA购得的古董灯具，曾经在英国的工厂里使用。"插座部分我还想再完善一下。" 2. 2005年举办的世界博览会（爱·地球博）中，在非洲共同馆一眼相中的科特迪瓦木雕摆件。当时还在上初中，是求父亲出钱买的，也算是一份回忆。"我一看见就爱上了，心里大喊就是它！（笑）"3. 秋冬几乎每天都在穿的Champion套头衫。"穿的年头越长，就越能观察到衣服面料的变化。"不顾天气故意在外面晾晒一周，还能制造出面料独特的感觉。4. 名古屋朋友的绘画作品。藤井先生平时都会积极购买本地作家和朋友的作品。在二手商店淘来的红酒架成了遥控器和充电线的暂存处。5. 在大量销售古董家具和小物的GENERAL SUPPLY迁址促销中买到的衣架。钢铁和旧木的粗犷组合令人心动。回家后立刻挂上外套。有时也用来展示自己收集的特别喜欢的古着。

古董ERCOL沙发搭配大须古着店买到的古董地毯和北欧的咖啡桌,变成了家中最舒适的一角。把原本破破烂烂的沙发罩小心翼翼地换掉,就让这件家具获得了美丽的重生。"休息日大概下午4点就开始在这里喝点小酒,感觉特别幸福。"

FOOD ITEMS OF MINE

1. 长崎祖母的遗物。"现在还只是放着做装饰,不过今年冬天准备拿它来泡茶喝。" 2. 每年夏天,夫妻俩去冲绳玩,都会买回一些冲绳陶瓷。最喜欢它的用途多样。 3. 餐垫是巴厘岛的手工编织物。因为父亲常去那里出差,就请他买了回来。 4. 朋友为庆祝他们搬家送的伊佐美烧酒。 5. 在灯具店garage NAGOYA发现的不锈钢餐具。"现在专门用来吃咖喱!" 6. 在濑户做陶瓷的前辈的出道作。以图腾柱为灵感的茶杯,特别有存在感。 7. 冲绳陶瓷茶杯。 8. 夫人父母种的蔬菜,目前是藤井家餐桌上不可或缺的主角。 9. 风格大方的大盘上装点着蔬菜。"要是有时间,我还想去濑户的陶瓷厂看看。"

⑰ 稻垣 义久

巴黎办公室
53岁/法国巴黎巴士底

稻垣先生说:"在这座公寓里的生活充满了对家具的讲究。"他在巴黎居住了三十年,可谓巴黎生活的专家。而稻垣先生的宝物,就是二十五年前在巴黎THE CONRAN SHOP买的桌椅。这里是一家人吃饭团聚的地方。"我的风格就是以白色为基调的极简主义。"稻垣先生亲自挑选的餐具当然也是白色。这天,稻垣先生给我们露了一手,做了一家人最爱吃的油封鸭肉。

——请说一样对厨房的讲究。
我喜欢窗户看出去的景色。另外,这里的两个收纳台长度都超过5米,做起饭来非常方便。

——厨房里最珍重的东西是什么?
Rosenthal的马克杯。它又薄又轻,特别好拿。

——饮食生活中不可或缺的东西是什么?
在沙发上品一杯餐后红茶。

——最想在厨房里添置什么东西?
电磁炉。

——喜欢什么食物?
油封鸭肉。搞家庭派对时还会做奶油炖菜和炸肉饼。

——做饭时最注重什么?
巧妙利用冰箱里的食材。

——请透露一些正在收藏或忍不住会买的东西。
正在收集最近自己参与过的联名商品。

——生活方式中最注重的主题是什么?
多睡觉。跟朋友吃好吃的,度过愉快的时光。

——请讲讲房间的主题和布置原则吧。
不要的东西都扔掉。

——最喜欢家里什么地方?喜欢在那里做什么?
在起居室的沙发上看书。

——为什么选择现在住的地方(地区)?
热闹。我喜欢充满活力的城市。

——喜欢哪种着装风格?
设计师品牌与经典品牌的混合。

——每天搭配服饰时最爱用的单品是什么?
CHAMBORD SELLIER的公文包。

——请介绍一下打造自身风格时最喜欢的时装品牌。
BERNARD ZINS、m's braque。

——常看的杂志、书或者网站等,有关室内装潢和服装时尚的信息源是什么?
Fashion Network.com。日本的杂志大概订阅了十种。不局限于男装类,还有女装、家装类等。

——加入BEAMS最大的收获是什么?
可以穿各种衣服。

法国西南部名菜"油封鸭腿肉"。最喜欢在附近的理查德·勒诺（Ricbard-Lenoir）街早市购买的鸭肉，虽然价格略贵，但是味道堪称一流。一般会用土豆来搭配这道菜，稻垣先生的风格则是用上等鸭油炒香一大锅胡萝卜片。

据说稻垣先生开始烹饪是在日本读书时。当时为了复习考试,他学习到晚上,会给自己做夜宵吃。只身来到巴黎ESMOD求学时,他的乐趣也是发现从未见过的食材,并且尝试用它制作料理。直到现在,他的手艺也依旧如初。

1. 只摆放了一张藤条大床的奢侈空间。上面放着两床单人被，即使睡觉时间不同，也不用担心影响到对方，可以随意钻进被窝里。床在habitat购得，看中的就是它带有温度感的藤条和木材质。2. 从厨房望出去，是一片令人安心的风景。建筑物周围的空间满是绿色，就像一片小小的原野。冬天望出去是一片枯枝，从这扇窗户就能感受到季节的变化。3. 搬家后，量好厨房尺寸到宜家去选购，竟然发现了宽度刚刚好的架子。其实是两个架子并排摆放。刀叉类都放在抽屉里，底下的层架没有门，方便拿取锅具。这个架子的高度还正好能用作料理台，一举多得。4. 平时爱用的食材和调味料都摆放在收纳架上层。其中有法国菜常用的橄榄油、蜂蜜、喜马拉雅岩盐、粗黄糖等。左侧的盒子里装着早上涂黄油或果酱使用的Le Pain des fleurs牌荞麦面包。这是夫人爱吃的东西。稻垣先生一般会吃酸奶饮料或水果。5. 二十五年前在THE CONRAN SHOP见到店内展示的家具，当即买了下来。后面那张椅子便是当时买的。不仅轻，而且坐起来很舒服，可惜已经磨损了，于是在三四年前又买了前面那张黑椅子。

法国夏季最常见的前菜——马苏里拉奶酪配番茄、生火腿配蜜瓜。蔬菜和水果都在集市上采购，面包则在附近一家荣获巴黎最优秀法棍比赛二等奖的面包店Aux 2 Anges采购。精心挑选的橄榄油来自A l'Olivier。在巴黎邂逅了这么多新鲜美味的食材，稻垣先生感到格外满足。

FOOD ITEMS OF MINE

1. Rosenthal的马克杯,已经用了七年。2. 在BEAMS购买的日式餐具,目前用作盖饭碗。3. 宜家的沙拉碗。4. 开牡蛎套装。三十年前单身生活时买的。5. 花朵形状的黑色锅垫。6. 叫女儿来帮忙时用的按铃。7. 蛋形计时器在HEMA购得。8. 方盘是夫人买的。稻垣先生是彻头彻尾的圆盘派。9. 花园派对用的小型多用开瓶器。10. HAGEN的多彩菜刀套装。11. 想喝点小酒时就拿出这瓶雅文邑。12. 松露油"洒在生鸡蛋盖饭上面特别好吃"。13. BETJEMAN & BARTON的大吉岭茶是家中常备品。14. 红酒杯也是Rosenthal。15. 玛德琳蛋糕模具,夫人经常和女儿一起制作蛋糕。16. 阿里格集市(Marché d'Aligre)商贩DADOUN的环保袋是稻垣先生爱用的物品。

MY FAVORITE RECIPE #2
横沟 贤史
B印YOSHIDA 采购/42岁/东京都世田谷区

MENU
麻婆豆腐

因为在家也想吃麻婆豆腐，研究过各种食谱之后，最终开发出了横沟家的独一品。总有人因为在家制作麻婆豆腐过于复杂便望而却步，其实只要预先准备好材料，精心做好准备，就能不慌不忙地做出来。这道麻婆豆腐适合给各种酒当下酒菜，特别诱人。

TIME
制作时间25分钟。

INGREDIENT
材料(2人份)

绢豆腐：一块
肉末：150克
长葱：1/2根
蒜苗：2根
沙拉油：适量
酱油：2小茶匙
甜面酱：1大茶匙
红辣椒：3根
酒：1大茶匙
鸡汤：200毫升
水溶生粉：2大茶匙
蚝油：1小茶匙
辣油：适量
花椒：适量

【A】
蒜末：适量
姜蓉：适量
豆瓣酱：1大茶匙

【B】
豆豉：适量
一味粉：适量

RECIPE
制作方法

❶豆腐切成1.5厘米见方的小块。烧开一锅水，放入一小撮盐(分量外)，加入豆腐，水滚后捞出。

❷长葱切碎，蒜苗切0.5厘米长。

❸煎锅内加入沙拉油、肉末、1小茶匙酱油、甜面酱，炒匀后盛出。

❹煎锅内加入沙拉油、翻炒红辣椒后关火。加入【A】小火翻炒，以不焦煳为标准，随后加入酒。加入【B】，炒出香味后加入鸡汤100毫升，1小茶匙酱油调味。❸回锅继续翻炒。

❺在❹中加入捞起的豆腐和鸡汤100毫升，略微翻炒，撒入长葱，加入蚝油，关火。

❻加入生粉后开火，放入蒜苗。最后沿锅边淋入沙拉油焖煮，按照喜好添加辣油、花椒后出锅。

*介绍该菜谱的横沟先生见于本书P048—057。

⑱ 岩城 澄
岩城 由梨

🏠 | 👫 | 在线商店
BEAMS HOUSE 神户
33岁、34岁/兵库县神户市

从东京搬到神户已经半年。岩城夫妇习惯了新生活，也爱上了这座有着许多面包店的城市。两人都喜欢烹饪，喜欢葡萄酒，因此晚饭既会考虑营养均衡，也会考虑搭配葡萄酒。会从比萨店和意式前菜中获得灵感，还会再现在欧洲旅行时尝到的美味……让两个人的日子越过越充实。

——请说一样对厨房的讲究。
简洁方便。

——厨房里最珍重的东西是什么？
菜刀、煎锅。(澄)容器。(由梨)

——最想在厨房里添置什么东西？
Baccarat的红酒杯。(澄)酒柜。(由梨)

——喜欢什么食物？
比萨、FROIN-堂的面包。(澄)素菜、硬面包。(由梨)

——做饭时最注重什么？
营养均衡，配酒。

——请透露下餐饮方面经常参考的信息源。
美食博客、Tripadvisor。(澄)在外面吃到的菜品、朋友给的信息。(由梨)

——兴趣是什么？
旅行、摄影、跑步。(澄)瑜伽、烹饪。(由梨)

——在家时最喜欢如何消磨时光？
买好葡萄酒和食材，优哉游哉地晚酌。

——请讲讲房间的主题和布置原则吧。
不放多余的东西，勤收拾。(澄)买能长期爱用的东西。(由梨)

——为什么选择现在住的地方(地区)？
前辈介绍的。(澄)直觉能够在这里过上安静的生活。(由梨)

——如何排解压力？
旅行、品酒、跑步。(澄)运动、品酒。(由梨)

——每天搭配服饰时最爱用的单品是什么？
牛仔裤、皮鞋、纯色T恤。(澄)鞋子、首饰。(由梨)

——请介绍一下打造自身风格时最喜欢的时装品牌。
SOFIE D'HOORE。(由梨)

——常看的杂志、书或者网站等，有关室内装潢和服装时尚的信息源是什么？
HYPEBEAST网站。(澄)*ELLE gourmet*、*&Premium*。(由梨)

——如何培养品位？
行动起来，用自己的眼睛去看。(澄)不仅要收集网络信息，还要实地感受。(由梨)

——加入BEAMS的契机是什么？
上学时做过兼职。

——加入BEAMS最大的收获是什么？
获得了很多时装和家装方面的知识。(澄)让我形成了衣食住方面的风格。(由梨)

（上）烹饪主要是由梨女士负责。澄先生则"专攻切菜、烧烤、翻炒（笑）。"（下）澄先生正在制作薄切鲷鱼片。用来搭配的白葡萄酒是偏干的自然酒。红酒要看搭配什么菜，比较喜欢勃艮第地区的黑比诺。

1. 平时主要使用有益健康的有机调味料。其中在元町的自然雅舍（The Natural House）偶然发现的Mengazzoli白葡萄酒醋和意大利香醋是住在东京时就已经爱用的产品。2. 用Baccarat的酒杯干杯。这天的前菜是油炸醋鲹鱼。澄先生说："这道菜既有蔬菜又有鱼肉，而且调味以醋为主，很适合配白葡萄酒。"两人或是商量下次去意大利南部的行程，或是聊聊工作上的话题，悠闲地晚酌。3. 平时也在收集冲绳陶瓷等民艺品，最近则对陶艺家的作品很感兴趣。与东京时期相比，厨房的收纳空间有所减少，因此用无印良品的组合架拓展了空间。4. 开放式厨房里摆放了SodaStream的苏打机。澄先生常用碳酸水兑金宫烧酒，加上一点有机柠檬汁，就成了柠檬沙瓦。旁边是爱猫的由梨女士收集的LISA LARSON作品。5. 澄先生做饭时必不可少的铁锅。这个柳宗理铁煎锅"可以用来炒便当配菜，还能做做煎蛋或者煎饺"，每天都用食油保养。除此之外还有厚蛋烧锅、深底锅等各种铁锅。

（上）由梨女士用全麦粉制作饼底，加入菠菜、蘑菇、培根做成的蛋饼，还有凤尾鱼土豆沙拉。（下）天童木工的沙发旁边放着一叠artek的来客用高脚凳。最上面的胡桃木色款是在芬兰买到的。

因为没有电视机，餐厅的配置以Louis Poulsen的PH Snowball吊灯为中心。底下是一张足以应付家庭派对的汉斯·瓦格纳（Hans J. Wegner）设计的大桌，两侧摆着胡桃木与橡木材质的Y形椅，给人留下摩登的印象。

FOOD ITEMS OF MINE

1. 澄先生说，iittala家的Kartio系列"尺寸正好适合喝加冰块的水"。2. 用来盛放凉拌豆腐和沙拉的竹村良训器皿。3. MARLUX的研磨器能够调节盐粒和胡椒粒的颗粒大小，非常好用。4. 兼具功能性和设计感，北欧风十足的menu开瓶器。5. 使用了坚韧橄榄木制作的Arte Legno砧板。很适合用来切硬面包和摆放葡萄酒下酒菜。6. Robert Herder的面包刀，看中了它的锋利和刀柄质感。7. 由梨女士说，WECK的收纳罐"便宜又好收纳，而且够卫生"。8. "哪怕撒上了红酒也能随意清洗"的桌布。都是在爱沙尼亚等地收集而来。9. 酵素玄米Labo是玄米生活的必需品。

（上）今天的主盘是番茄炖鸡。配料有洋葱、姬松茸、鸡腿肉。另外加入人蒜和迷迭香调味。起锅后摆在两人配对的餐垫上。（下）佐餐沙拉搭配附近一家很喜欢的面包店里的法棍。

这是小笠原夫妇结婚的第一个年头，两人住在步行可到池袋的公寓里。他们自己贴上红砖和木板风格的墙纸，打造出一片融合了布鲁克林与夏威夷风情的舒适空间。因为很喜欢烹饪，几乎每天都自己做饭。平时喜欢做用一个锅就能轻松完成的饭菜，比如小笠原先生特别着迷的咖喱，以及今天的主盘番茄炖鸡。两人亲亲密密地坐在一起吃饭，是每天最重要的时刻。

——请说一样对厨房的讲究。
清洁感，美式风情。

——喜欢什么食物？
咖喱，各种肉菜。

——对烹饪产生兴趣的契机？
搬出父母家后，自己做饭的机会变多了。

——兴趣是什么？
购物、冬季运动。

——请透露一些正在收藏或忍不住会买的东西。
印第安首饰。

——在家时最喜欢如何消磨时光？
一边品酒，一边看电影。

——请讲讲房间的主题和布置原则吧。
卧室、厕所、厨房的改造由妻子负责，起居室主要由我负责。

——最喜欢家里什么地方？喜欢在那里做什么？
坐在起居室的沙发上放松。

——请说说您最喜欢的家居品牌和店铺。
AWESOME STORE、NITORI、Local Motion。

——喜欢哪种着装风格？
学院风、街头风。

——请介绍一下打造自身风格时最喜欢的时装品牌。
BEAMS PLUS、Brooks Brothers、OLD PARK、Ron Herman。

——常看的杂志、书或者网站等，有关室内装潢和服装时尚的信息源是什么？
MEN'S CLUB、*UOMO*、Instagram，还会模仿吉祥寺那些杂货店的温馨气氛。

——请说说今后想添置的物品。
丹宁布沙发。

——如何培养品位？
看各种杂志，从Pitti Uomo（Pitti Immagine Uomo，佛罗伦萨男装展）学习流行趋势和搭配。

——加入BEAMS的契机是什么？
喜欢接待客人，想学习BEAMS的待客之道。

——在以往的工作中，最深刻的记忆是什么？
在店里接待过一对夫妻，丈夫要买穿去参加弟弟婚礼的西装。客人要求"不要太死板，要时髦一点！"于是我给出相应的建议，帮助客人买下了一套西装。后来客人又到店里告诉我："婚礼那天好多人夸我有范儿。"我特别高兴。

1. 服饰数量多而自带的收纳空间有限是小笠原先生对这个家仅有的一点不满意。平时喜爱的帽子、首饰和冬季运动装备都改为展示性收纳。2. 两人在同一处商业设施工作时结识，目前每天都笑容满面地一起生活。3. 基本上每天都自己做饭。泰式咖喱和印度咖喱都是最爱，最常在家做的就是肉酱咖喱和欧式咖喱。需要采购的商品统一写在冰箱的磁贴小黑板上。4. 自己切割，自己贴满了每个角落的布鲁克林风墙纸。点缀上人造绿植，就融入了夏威夷度假风。5. 厨房也贴了红砖样式的贴纸进行改造。厨房是被起居室和餐厅环抱的独立空间，还有一扇专用的窗户，最让人高兴不过。夫人说："我最喜欢厨房空间只属于自己的这种感觉。"每逢休息日，还会在厨房里待上很长时间，制作需要慢炖的菜肴。

两人的日课就是一起做饭,一起收拾。餐厅布置得令人放松,可以同时播放电视节目或电影来打发时间。

番茄炖鸡的诀窍在于炖之前先把鸡肉煎出纹路。装盘前通常会撒上爱用的香料。厨房虽然紧凑,但是有两个火灶,平时用起来足够了。厨房内部干净整洁,是个方便使用的空间。

FOOD ITEMS OF MINE

1. 木制餐叉&餐勺是从父母家拿来的东西。2. 无印良品的硅胶烹饪勺不会刮伤锅具,而且方便使用,能舀到最后一滴汤。3. 各种香料。肉豆蔻粉用来做汉堡肉,茴香籽和辣椒粉用来做咖喱,迷迭香用来做炖菜。4. 去关岛旅行时买的木雕杯垫和杯垫盒。"最喜欢这种浓郁的南国气息。"5. 在Francfranc购得的纽约印象马克杯。6. 在B:MING LIFE STORE by BEAMS购得的Hydro Flask保温杯,每天都随身携带。7. 众多调味品中使用速度最快的TABASCO辣椒酱。"消耗量特别大,连麻婆豆腐这种中国菜也要放。"8. 每次去COSTCO都要买的蜂蜜。用来配早餐吐司,它是夫人的生活必备品。9. 小笠原先生的早饭是吐司配橄榄油。

20 小林 景太

BEAMS 助理买手
29岁/埼玉县富士见市

为大个子的小林先生提供每日能量的餐食，全都多汁而分量感十足。这天餐桌上也摆满了高端烹调器具做出的绝品肉菜，能量满满。最近他经常出差，又刚刚搬了家，一家人唯有在用餐时刻才总算能欢聚一堂。夫妻俩从学生时代就亲密无间，席间不时传来二人默契的对话，最喜欢美食的儿子也在桌边绽放出笑容。

——请说一样对厨房的讲究。
用全世界做饭最好吃的VERMICULAR电子铸铁锅来煮米饭。

——饮食生活中不可或缺的东西是什么？
好吃的米饭。

——最想在厨房里添置什么东西？
特别能收纳的架子。

——喜欢什么食物？
炸鸡块。

——对烹饪产生兴趣的契机？
因为想随心所欲地制作自己想吃的东西。

——做饭时最注重什么？
量，还有摆盘。

——请透露下餐饮方面经常参考的信息源。
好吃的餐馆靠朋友介绍，自己做则参考cookpad。

——兴趣是什么？
吃，还有旅行。

——生活方式中最注重的主题是什么？
品尝当地的美食。

——请讲讲房间的主题和布置原则吧。
尽量保持简约，不买多余的东西。

——最喜欢家里什么地方？喜欢在那里做什么？
在长沙发上睡觉。

——请说说您最喜欢的家居品牌和店铺。
经常去逛talo。

——为什么选择现在住的地方(地区)？
离妻子娘家近。

——喜欢哪种着装风格？
有美国风情的着装。

——每天搭配服饰时最爱用的单品是什么？
HEAVYWEIGHT COLLECTIONS的T恤。

——请介绍一下打造自身风格时最喜欢的时装品牌。
绝对少不了美国品牌。

——如何培养品位？
尽情追求自己喜欢的东西。

——加入BEAMS最大的收获是什么？
这份工作有许多跟外国事物接触的机会。

（上）小林先生最爱吃肉。他正在用筷子夹的红烧牛肉加入了锅里剩下的汤汁来提鲜。儿子脸上始终洋溢着幸福的表情。（下）VERMICULAR电子铸铁锅煮出来的米饭粒粒分明，晶莹剔透，软糯好吃。

（上）今日主菜是炸鸡块专门店"唐山"的炸鸡块、自己做的肋排，还有用VERMICULAR电子铸铁锅做的红烧牛肉。饮料是夫人亲手调制的思慕雪。（下）重新装修后设置的换鞋间摆满了小林先生的藏品。

1. 一家团聚的起居室有个主角，那就是汉斯·瓦格纳的GE258长沙发，在talo购得。柔和的粉色点亮了空间。2. 以职业滑雪运动员、摩托车工程师身份活跃的马克斯·沙夫（Max Schaaf）是小林先生憧憬的人物。在美国加利福尼亚州奥兰治县举办的世界最大规模私定摩托车展"Born Free"上，小林见到了沙夫本人，回家后就把当时的签名照小心保存在了相框里。3. 造型摩登的盥洗化妆室，HEATH CERAMICS的瓷砖是公司前辈送的。4. 重新装修时把用来挂电视的墙推掉，扩大了房间面积。平时儿子在家总是充满活力地跑来跑去，今天则一直黏着小林先生。5. L.L.Bean的"刚左"连帽衫——名称来自传说中的自由记者亨特·S·汤普森（Hunter S. Thompson）的昵称"gonzo"（坏家伙）、Lee的连体工装91-J、使用了传统裂织工艺的Sasquatchfabrix针织衫等，这个更衣间摆满了小林先生的宝贝。正中间的架子用来放置裤子、T恤、毛线帽等服饰。夫人的衣服放在更衣间右手边，小林先生的衣服放在左手边，分开收纳。

阿尔瓦·阿尔托（Alvar Aalto）设计的餐桌，在talo一见钟情的皮椅，天童木工的餐椅，后面那张则是Leander的儿童椅。夫人在思慕雪专门店工作，使用三种水果和蜂蜜、薄荷，调制了这款小林先生最爱的思慕雪。

FOOD ITEMS OF MINE

1. 去巴黎出差时买的SKAGERAK厨房纸座,是充满了回忆的重要物品。2. WHOLE FOODS MARKET的托特包都在芝加哥和纽约的店铺购得。3. 父母寄来的福井越光米。小林先生说:"用VERMICULAR煮的福井米世界第一!"4. 美国玻璃老厂ANCHOR HOCKING的代表产品——直筒罐,用来存米。5. ZitA的高科技垃圾桶,可以自动感应开合。6. 米饭和红烧牛肉都能简单搞定的VERMICULAR电子铸铁锅。购买时还附送了100款菜谱。7. 想做出美味的思慕雪,当然要用Vitamix。据说这是搬到新家后总算如愿买回来的东西。

因为父母都有厨师证，受他们影响，松下女士从小就喜欢烹饪。现在一个人生活，基本上也是自己做饭。为了节省下班后做饭的时间，她通常都在休息日提前做好小菜，平时每餐饭都绝不马虎。若是跟朋友在家喝酒聊天，她就会飞快地做上一盘高汤厚蛋烧，若是买到了斑节虾，也会做成番茄炖大虾招待客人，俨然一个居酒屋大厨，满足了许多人的味蕾。

——请说一样对厨房的讲究。
我比较注意展示性收纳。

——厨房里最珍重的东西是什么？
会津桐木箱×BEAMS JAPAN的砧板。

——最想在厨房里添置什么东西？
矮餐柜。

——喜欢什么食物？
日本料理。最喜欢高汤厚蛋烧。

——对烹饪产生兴趣的契机？
我父母都有厨师证，而且从事跟烹饪有关的工作。

——做饭时最注重什么？
一人份的饭菜也绝不偷懒！

——请透露下餐饮方面经常参考的信息源。
妈妈、《满天☆青空餐厅》节目、Instagram。

——兴趣是什么？
看做饭视频。

——在家时最喜欢如何消磨时光？
邀请朋友过来聚餐。

——请讲讲房间的主题和布置原则吧。
简约！尽量不放东西！

——请说说您最喜欢的家居品牌和店铺。
fennica、Meetdish、千日前道具屋筋商店街的专业店铺。

——为什么选择现在住的地方（地区）？
交通方便，安静，有很多服务家庭的公寓和公园。

——如何排解压力？
跟好朋友到常去的居酒屋，一边喝酒一边品尝大厨做的美味。

——喜欢哪种着装风格？
连衣裙。

——每天搭配服饰时最爱用的单品是什么？
Mame Kurogouchi、TOGA。

——如何培养品位？
始终不忘记喜欢服装的心情。

——加入BEAMS的契机是什么？
我上高中时就很憧憬这里。

——加入BEAMS最大的收获是什么？
与业内人士交流时得到对方认可。我要珍惜各位前辈打造的人与人的关系，自己也要成为不给BEAMS丢脸的成员！

（上）家庭聚会的熟面孔有时装业者、美容师、美甲师等。大家工作结束后都会聚集到松下女士家里来。（下）正在切卷进培根里的芦笋。为了保持菜刀锋利，松下女士会定期用金刚石磨刀器来保养。

1. 厨房里满是松下女士的小心思。贴在冰箱侧面的胶带可以用来给野餐饭盒（一次性）封口。另外，她还会把空牛奶盒洗干净攒起来。只要撕下外包装，就是一次性的控油垫。"这是妈妈教我的。如果用普通厨房纸，底下必须加个浅盘，否则油会渗下去。用这个就不用担心了。" 2. BONABONA咖啡机粉豆兼容，非常方便。而且体型娇小，很好收纳。3. 冰箱冷冻层是这个样子的。如果用同款保鲜盒装各种食品，只要贴上一条胶带就能注明内容物，拿取方便。此外，饭菜都是休息日统一做好，分成一餐的分量进行冷冻保存。松下女士说："早晨上班前拿一盒放到冷藏柜，下班后只要加热一下就好，特别轻松。" 4. 餐具柜上摆着各种酒器，厨房一角则存放着日本酒、烧酒、威士忌、真露等存货。这些都是聚会的酒友带来的。5. 最爱用的围裙是NAPRON和Levi's的，两条都是工装风格。

（上）各种大盘大碗，让人很难想象松下女士竟是一个人住。朋友们声称："在居酒屋喝完回家继续喝，她也会做上四个菜下酒。"（下）午饭的菜品是培根芦笋卷和加入了蟹味鱼糕的厚蛋烧。搭配上家中常备的泡菜和梅干，再来一碗米饭。

FOOD ITEMS OF MINE

1. 用来喝啤酒的超薄玻璃杯在千日前道具屋筋商店街购得。"道具屋筋就是我的宝山，随随便便就能逛上三个小时。" 2. iwaki的酱油瓶分别用来盛放薄口酱油、味醂和酒。"这个倒出来不会漏，又方便清洗，所以我一直用它。" 3. 龟之子束子×BEAMS JAPAN的龟子海绵刷。4. 川上商店的螺纹樱木筷，拿着不费力。5. 导热很快的雪平锅用来做煮物、味噌汤，还可以烧茶。6. 用来盛放泡菜和卤蛋的滨田窑小碟。7. 会津桐木箱×BEAMS JAPAN的联名砧板又小又轻，方便清洗。8. 冲绳瓷器在fennica购得。9. 因为"不想让调味料断供"，专门用BEAMS的原创后备用收纳盒（30升）来囤货。另外用大一号的50升收纳盒来收纳露营用品。

22 钓见 善信

BEAMS 金泽
35岁 / 石川县野野市市

191

这天的菜式是钓见先生最爱的红烧牛肉、有机杂粮饼底比萨、稻荷寿司、豆苗和生火腿马苏里拉奶酪卷。他还准备了孩子们喜欢的食物，并且很重视能够随手取食的便利性。

来到钓见先生家，就听见孩子们在大号塑料泳池里戏水的声音。钓见先生说："吃饭最重要的是享受家人团聚的时间。"与家人相处的时间是排在第一位的，餐桌上的饭菜也都是孩子们喜欢吃的。一年前新建的自家住房由夫人娘家的工程店负责修建，随处可以看到充满玩心的创意。

——请说一样对厨房的讲究。
统一使用不锈钢材质。方便洗东西的大水槽。可以边看孩子边做饭的岛式厨房。

——厨房里最珍重的东西是什么？
搬家时妻子同事送的吐司机。

——饮食生活中不可或缺的东西是什么？
一家人聚在一起吃饭。

——最想在厨房里添置什么东西？
音箱。我想在做饭或BBQ的时候也能听到喜欢的音乐。

——兴趣是什么？
骑行。

——在家时最喜欢如何消磨时光？
躺在沙发上睡午觉。

——请讲讲房间的主题和布置原则吧。
不放太多东西，能让孩子们尽情地跑来跑去。

——最喜欢家里什么地方？喜欢在那里做什么？
在露台上喝咖啡。

——请说说您最喜欢的家居品牌和店铺。
天童木工、L'INTERNO BY YAMAGISHI。

——为什么选择现在住的地方(地区)？
离父母家近。

——如何排解压力？
休息日擦鞋。

——喜欢哪种着装风格？
带有休闲感的风格。

——每天搭配服饰时最爱用的单品是什么？
Alden的皮鞋。根据每天的天气，先从皮鞋开始挑选。

——请介绍一下打造自身风格时最喜欢的时装品牌。
Levi's。

——加入BEAMS最大的收获是什么？
我原本就在时装店工作，自从加入BEAMS，就更加热爱服装了。

——在以往的工作中，最深刻的记忆是什么？
金泽店开张时，由于不习惯工作，每天都手忙脚乱，有时候过了午夜才能回家。

194

夫人娘家开工程店，完全包揽了房子的设计和建筑，无论选取哪个角落，都美得像一幅画。通透的起居室充满开放感，木质大窗自带温暖，还带来了充分的光照，营造出一片舒适的空间。沙发选用了大座深和大尺寸的款式，在BoConcept购得。

1. 建好一年左右的新家。混合了蓝灰色与木头质感的外观时髦帅气，在整个住宅区散发出尤为强烈的存在感。玄关地板添加了墨色，让色泽更加深沉。开门就能看到在金泽寓意款待客人的"红"色墙壁。像这样，家中随处可见钓见夫妇的小心思。2. 钓见先生平时就喜欢皮鞋胜过运动鞋。这双Alden皮鞋是夫人送给他的生日礼物。3. 功能完备，而且外观简洁的灶台。因为是三眼灶，烹调起来效率很高，让人格外喜欢。4. GOYARD、DULUTH PACK、aniary、Massimo、BEAMS、See by Chloé、SUPERGA × BEAMS LIGHTS、Saint Laurent等爱用的包。钓见先生说："作为自己的生活方式，我很重视对一件物品的长期珍惜使用，每次买什么东西，一定会重点考虑能否一直使用它。" 5. 穿了十六七年的Levi's牛仔裤。无论是工作还是生活，一直都轮换着穿。钓见先生偶然了解了白洲次郎的时尚观，从那以后，他就很喜欢T恤、牛仔裤和乐福鞋的组合。

（上）坐在露台上享用自己冲的咖啡，度过幸福的悠闲时光。这里通风良好，又有屋顶挡雨，是个很舒适的地方，因此深得钓见先生喜爱。
（下）SURLY的黑色自行车，钓见先生按照自己的喜好挑选了组件。

TOYO KITCHEN STYLE组合式厨房。从台面到水槽、收纳、换气扇,全部统一为不锈钢材质,这就是夫人的讲究。台面同时充当吃早饭的吧台桌,水槽够大且方便打理,再加上不会漏水的龙头,使用便利性可谓一流。

FOOD ITEMS OF MINE

1. 朋友送的无印良品木盘。2. 柳宗理设计的汤勺和煎锅铲。手柄不容易发烫,造型又方便使用。3. Panasonic搅拌机,夫人的嫁妆。可以切末、切块,还能把多余的肉搅碎做成肉饼,特别好用。4. 钓见先生母亲送的礼物。盘面上葫芦的图案格外好看。5. tak.的儿童餐具。轻盈不易碎,可进洗碗机和微波炉,堪称万能。6. 放在冰箱冷藏后可以保持一段时间低温的平盘。7. Fire-King的古董马克杯,朋友送的结婚礼物。8. HARIO的滴滤杯和性价比超高的星巴克咖啡豆。9. Vita Craft的锅,大小刚刚好。10. BALMUDA吐司机,夫人公司同事送的乔迁礼物。直接从冷冻柜里拿出来的吐司也能烤得很好吃。

㉓ 西村 章代

BEAMS 天王寺
35岁 / 兵库县神户市

休息日，西村女士喜欢把朋友和同事邀请到家中，亲手做饭款待他们。她到神户来读大学，开始独居生活后，就对烹饪产生了兴趣。因为怀念母亲做的饭菜的味道，在向母亲打电话请教时，她渐渐体会到了烹饪的乐趣。现在，她已经从家常日料到西式烤牛肉无所不通，其手艺甚至在同事间也备受好评，以至于在生日和送别会上还能收到煤气枪和热三明治烤盘这种礼物。

——请说一样对厨房的讲究。
动线合理。

——厨房里最珍重的东西是什么？
餐具和煤气枪，还有热三明治烤盘等。这些都是大家送给我的厨房器具，里面包含着心意，所以我尤其珍重。

——做饭时最注重什么？
比较注重能让人满怀期待的摆盘。摆盘过程也很开心。

——请透露下餐饮方面经常参考的信息源。
cookpad、Instagram、妈妈、朋友。

——兴趣是什么？
烹饪、手工。

——请透露一些正在收藏或忍不住会买的东西。
调味料。

——生活方式中最注重的主题是什么？
乐享一日三餐。

——请讲讲房间的主题和布置原则吧。
令人舒心。选择住房时，厨房尺寸是我的首要关注点。

——最喜欢家里什么地方？喜欢在那里做什么？
在沙发上无所事事，反复观看喜欢的电视剧或电影，一直看到能记住台词。

——为什么选择现在住的地方（地区）？
因为附近有一条充满活力的商店街。

——喜欢哪种着装风格？
简单而不失重点的风格。

——请介绍一下打造自身风格时最喜欢的时装品牌。
Demi-Luxe BEAMS销售的品牌里总有很多我想拿起来看看的衣服。

——如何培养品位？
跟很多人来往，了解自己心中的"舒适"是什么。

——加入BEAMS的契机是什么？
我一直想从事关注衣食住的工作。就在那时，我接触到了BEAMS的企业理念，又在面试中见到了很多优秀的成员，就产生了想跟他们一起工作的心情。

——在以往的工作中，最深刻的记忆是什么？
与客人久别重逢，对方竟高兴得两眼含泪。我们回忆一起挑选衣服的快乐时光，客人也跟我有着一样的心情，我感到特别开心。

（上）浅渍黄瓜"切成蛇形比较好入味，而且好看"。（下）为喜欢鸡蛋的同事设计的土豆泥沙拉。那位同事的孩子对鸡蛋过敏，因此她哺乳时一直不能吃鸡蛋，做这道菜是为了庆祝她的孩子终于断奶。

（上）起居室的架子上分门别类地摆放着自己喜欢的小东西。有个角落还摆放着Millefiori的室内熏香、CERINA和AVOCA的香皂等。（下）同时制作多道菜品时，安排好步骤非常重要……不过烤牛肉和瓦片荞麦面的处理也太完美了！

1. 巴勃罗·毕加索（Pablo Picasso）的画作。没有大胆的用色，而是简单的素描，与周围的环境自然融为一体。2. 为了记录每天的便当，西村女士还专门建了一个用来分享食物图片的Instagram账号。这个账号几乎每天更新，后辈中本女士说："在公司里很出名。"3. 架子上层是粗盐、茅乃舍的高汤酱、八幡屋矶五郎的七味芝麻、分铜金的酱油，都是平时常用的调味料。制作饭团的时候，西村女士特别讲究要在洗好的米里加入日本产的盐，说这样可以让每一粒米都入味。架子下层摆满了餐具。小石原烧和小鹿田烧的窑场离福冈老家很近，每次回乡都会顺道去逛逛。4. 时钟旁边的花瓶都在元町的quatre saisons购得。房间里装饰着绿油油的观叶植物，阳台上也栽培了迷迭香。平时做饭会摘一点来提香。5. 瓦片荞麦面是发祥于山口县下关的乡土菜。福冈超市都有卖，所以回老家时一定会买上一些。本来应该在烧烫的瓦片上炒制，西村女士以吃寿喜锅用的砂锅制作。加入牛肉、鸡蛋丝等配料，装点柠檬和萝卜泥，就成了一道夏日风情的美食。

（上）收纳场所有限时，S钩就派上了用场。"摆在台面上不如挂在钩子上干净整齐。"（下）每次家庭聚会都大受好评的烤牛肉。轻微灼烤表面，装入保鲜袋内烫熟就可出锅了。仿佛经过计算一般，切面全是完美的粉红色！

FOOD ITEMS OF MINE

1. 用来挂煎锅和毛巾的S钩,用处极大。2. "爱工业"的刨子。共有两款,一款用来切丝,一款用来切片。3. 西村女士很喜欢炸鸡块,甚至早上都会炸,她使用的工具是柳宗理设计的铁煎锅。4. Baw-Loo的热三明治烤盘为明火用,可以带去露营。5. "我一直想要个好用的",所以买来了这个铜质厚蛋烧锅。6. Iwatani的煤气枪"可以灼烤刺身,制造烤纹"。7. "口味香辣,很适合下酒"的"唐三和"炸鸡块是冷冻柜常备的东西。8. DANSK的黄油锅"大小正好适合一个人用,我都用来做味噌汤"。9. BERTOZZI的毛巾。"质地特别结实,大力搓洗之后马上就能用,很方便。"10. DANSK的双耳锅最适合用来做猪肉角煮。家里来客人的时候还会连锅一块儿端上餐桌。

24 泷田 未希

BEAMS 池袋
26岁/神奈川县横滨市

泷田女士说："妈妈做的饭菜最好吃。"今天，她也做了一桌母亲亲传的日本料理，摆在餐桌上琳琅满目，宛如餐馆里的套餐。虽然泷田女士说自己"不擅长做菜"，但她还是认真仔细地做好了几道菜，全都散发着温暖和心意。她目前最想做好的菜，就是营养满满的老式根菜煮物。自己做饭虽然辛苦，但还是很开心。

——请说一样对厨房的讲究。
需要的东西一伸手就能拿到。

——厨房里最珍重的东西是什么？
开始独居生活时，妈妈送给我的搅拌机。

——饮食生活中不可或缺的东西是什么？
营养均衡，还有一起吃饭的人。因为大家一起吃饭会更好吃。

——喜欢什么食物？
妈妈做的猪肉味噌汤和炸肉饼。

——对烹饪产生兴趣的契机。
独居后没人给我做饭了，那就只有自己来做了！

——做饭时最注重什么？
初学者也能做好的简单快手菜。

——请透露下餐饮方面经常参考的信息源。
妈妈的菜谱。cookpad。Kurashiru。

——兴趣是什么？
追星。

——请透露一些正在收藏或忍不住会买的东西。
文库本。就算有的书还没读完，途中走进书店，也会被封面或书名吸引，忍不住买下来。我一直很喜欢濑尾麻衣子的作品。

——在家时最喜欢如何消磨时光？
邀请朋友到家里来，用大音量播放自家明星的作品。这是最棒的休闲方式。

——为什么选择现在住的地方（地区）？
宁静的氛围。附近有好吃的面包店，而且交通很方便。

——如何排解压力？
在横滨港未来或是湘南海岸散步，回来之后会觉得神清气爽。我特别喜欢神奈川县。

——每天搭配服饰时最爱用的单品是什么？
黑色芭蕾鞋，漂亮又舒适，万能百搭。

——请说说今后想添置的物品。
能穿一辈子的机车外套和风衣。

——如何培养品位？
以前设乐社长说过："所谓好品位，就是能充分理解他人的心情。"我对此印象深刻。所以，我首先会尝试去接纳各种人的想法和风格。

——加入BEAMS最大的收获是什么？
遇到了能像家人一样一起纵情欢笑、彼此信任的上司和同事。

（上）泷田女士重视营养均衡，每天必不可少的餐具就是盛饭的饭碗和盛汤的汤碗。（下）泷田女士最喜欢吃的固定菜品——芥末酱油煎鸡腿肉。煎之前先用麻油、蒜蓉、芥末、酱油和酒混合作为腌料，将鸡腿肉浸泡20分钟左右。

1. 常用的首饰都摆在方便挑选的二层首饰盒里，同时还能展示。上层是ANNIE COSTELLO BROWN的耳环、ALBA BIJOUX的耳钉，还有在喜欢的Demi-Luxe BEAMS买到的PHILIPPE AUDIBERT的银镯、PLUIE的头花等。下层是在Pilgrim Surf+Supply定做了镜框和镜片颜色的MOSCOT太阳镜，以及在Ray BEAMS买的KAIBOSH太阳镜、祖尼族的印第安首饰、LOTUS PINK的串珠耳环，它们最适合用来配T恤。2. 今天的主菜是芥末酱油煎鸡腿肉，搭配胡萝卜丝拌菜、煮南瓜、卤蛋、米饭和味噌汤。萝卜丝的配料是薯片和蛋黄酱，口感独特。3. 床罩样式简约，窗帘在unico购得。躺在床上的史努比抱枕和暖水袋特别可爱。4. 芥末酱油煎鸡腿肉的诀窍在于中火慢煎两面。这样做出来皮脆肉软，口感很棒。5. 正在享用美食的泷田女士宛如幸福的化身。跟她在一起的人也忍不住露出笑容。

整整齐齐的衣物使用无印良品的木架进行展示性收纳。干花装饰是在BEAMS Planets一见钟情的产品。受母亲影响，泷田女士也很喜欢史努比。各种周边营造了让人放松的治愈空间。最大的史努比布偶是从小珍藏至今的宝物。

餐具柜里摆放着平时常用的碗盘、马克杯等餐具。画着漂亮葡萄图案的饭碗是以前在父母家用的。开始独居生活后，外出旅行时带回餐具也成了一种乐趣。黄色和蓝色花纹很醒目的碗就是在洛杉矶旅行时购得的。

FOOD ITEMS OF MINE

1. 特别常用的硅胶蒸锅、切丝方便的刨子,还有能用微波炉制作高汤蛋卷和半熟鸡蛋的器具。2. 在陶艺教室做的素烧大碗和蓝莓色套杯。3. 经常光顾的西餐馆kitchen carioca的马克杯。因为是特别赠送的非卖品,因此格外爱惜。4. 花碗在洛杉矶的买手店Essentials by Anthropologie购得。5. 樱桃和青柠花纹玻璃杯,凹凸有致的外形惹人喜爱。6. 母亲传下来的菜谱。因为都是一人份,选好就能动手做,而且充分考虑到了营养均衡。7. 爱用的VEGEE搅拌机。为了增加蔬菜摄入,每天早晨都用它来做思慕雪。8. 植物花纹的多彩marimekko围裙。以前上烹饪课时,抱着先从姿态学起的想法购得。

25

吴 香怡（音译）

BEAMS 台湾
37岁 / 中国台湾台北市

最近很喜欢的越南蔬菜汤、母亲教的中式家常菜、红薯蒸糯米、粉蒸排骨,再加上凉拌四季豆和黄瓜,就是一桌体现了吴女士个性的菜肴。让女儿赞不绝口的还有丈夫亲手做的鸡肉饭(左前方)。

吴女士住在绿意盎然的麟光站一带，窗外就是台北少见的大片绿色。她热爱自己动手，很喜欢亲手尝试改良母亲和朋友传授的菜谱。她与丈夫两人用附近集市买来的新鲜蔬菜，动作娴熟地准备饭菜。女儿在这样的家庭中长大，也是个很喜欢自己动手的女孩子。一家人生活在温馨和谐的气氛中。

——为什么选择现在住的地方？
因为我和丈夫的老家就在这里，自然就在这里定居了。

——饮食生活中不可或缺的东西是什么？
调味料，尤其是辣油。

——做饭时最注重什么？
保持实验精神。我很喜欢自己改良别人教的菜谱。

——喜欢哪种着装风格？
我从高中起就很喜欢古着和混搭风格。到日本留学，接触到BEAMS以后，就经常这样来搭配。

——请讲讲房间的主题和布置原则吧。
室内装潢和改造都尽量亲手完成。我喜欢这种一点点打造出自己风格的感觉。

——请透露一些正在收藏或忍不住会买的东西。
最近是披巾和发带，用来做头发造型。

——请透露下室内装潢和服装时尚的信息源。
我会参考街拍，很喜欢体现个人创造性的穿搭。另外还经常看Instagram和时尚杂志。

——如何培养品位？
了解自己。

——加入BEAMS的契机是什么？
在日本留学时，我就觉得这是个传达快乐向上精神的品牌。后来分店开到台北，我就去应聘，终于如愿加入了组织。

——在以往的工作中，最深刻的记忆是什么？
2019年5月，BEAMS和SPACE SHOWER TV搞了个联动策划，而且在台北也有活动，做了个仅限一夜的现场展示会"PLAN B IN TAIPEI"。当时我先生碰巧担任会后派对的DJ，能够在这么好的项目中与先生共事，我感到非常高兴。

1. 用粉彩色色统一风格的女儿房间。今年秋天，女儿刚升上小学二年级。吴女士说："她的喜好可能会在成长过程中发生改变，所以今后还有更换色调的打算。" 2. 休息日，一家三口坐在沙发上看电影，就是一段幸福的时光。他们每周都会在Netflix上挑选一部电影，这天选的是《海街日记》。吴女士正在喝的饮料是夏日解暑的冬瓜茶。3. 装饰在先生DJ房的朋友画的画。他对装饰的讲究就是尽量选择自己和身边的人画的作品。富有个性的墙壁是吴女士花了三天上色描画的杰作。4. 夏季必备的清凉甜品"爱玉"（用台湾特有植物爱玉子的果实做成的甜品），这些都是亲手制作。吃的时候放在看上去就很清凉的玻璃容器里，加上柠檬薄片。5. 冰箱上装饰着欢乐的照片和红纸，那是一家三口分别写的春帖。在中华文化圈，人们习惯写一些跟春天有关的词句装饰起来。左侧的"酷"即"Cool"，体现了女儿的偏好。

（上）因为工作日都在附近母亲家吃早晚饭，一家人只有周末在家做饭。（下）家里的工作区设有大书架，窗外是生态公园的大片绿色植物。吴女士说："因为家里养了猫，不能放观叶植物，就采取了借景的方式。"

打理整齐的厨房。从事DJ工作二十多年的先生负责挑选音乐，两人一起做饭。先生说："DJ就是让大家随时随地心情愉快的调节气氛的工作。"吴女士接着说："而且我认为，DJ和烹饪都应该由两人一组来完成。"

FOOD ITEMS OF MINE

1. 住在法国的朋友帮忙买的普罗旺斯香草,很喜欢添加在炭烤食物中。旁边是今天的主菜粉蒸排骨必不可少的五香粉。
2. 从左边起,分别是澳门买的辣油、绝品鸡肉饭必备的鹅油,还有辣度柔和的台式豆瓣酱。
3. 先生和女儿送的杯子,以及最喜欢的音乐家OYAT(思い出野郎Aチーム)的啤酒杯。
4. 自己做的汤勺。最左边的把手用废纸和树脂制成,很有特色。
5. 洗洁剂也是自己做的,散发着新鲜柑橘的香气。
6. 女儿做的盘子,还有吴女士做的深绿色容器。
7. 根据一家三口的诞生月刺绣的杯垫。
8. 在茨城县笠间市一见钟情的陶锅,有着铁锅的外表和手感。
9. 台湾家庭必备家电——大同电锅。据说吴女士去留学时也带了一个,用来制作家乡菜。
10. BEAMS台湾二号店的开业纪念围裙。做家务时穿在身上。

MY FAVORITE RECIPE #3

山田 彩
BEAMS池袋/29岁/千叶县我孙子市

MENU
肉酱咖喱

山田先生上学时在人气咖喱老店做过兼职，受他影响，山田女士也特别热衷制作咖喱。山田家的美味秘诀是炒洋葱时注意火候，不让它变焦。打一颗无菌生鸡蛋或是撒上碎奶酪，能够带来截然不同的美味享受，搭配其他食材也充满了可能性。

TIME
烹调时间90分钟

INGREDIENT
材料(2人份)

牛肉末：100克
猪肉末：100克
洋葱：1/2个
大蒜：25克
生姜：25克
沙拉油：1—2大茶匙
整颗番茄的罐头：100克
无糖酸奶：50克
黑胡椒：适量
什锦坚果：10颗
水：100毫升
蛋黄：两个
盐：适量
米饭：适量

【香料】
孜然：5克
香菜：10克
咖喱粉：6克
丁香、黑胡椒、小豆蔻、凯撒胡椒、芥末籽、月桂叶、葛拉姆马萨拉：各适量

RECIPE
制作方法

❶洋葱、大蒜、生姜切碎。

❷深底煎锅加入沙拉油，小火热锅，加入❶翻炒40分钟。待洋葱变成焦糖色，加入罐头番茄，炒至收汁。

❸加入酸奶，拌匀。

❹牛肉末、猪肉末撒上黑胡椒，添加到❸中，彻底拌匀，炒至熟透。

❺加入【香料】（除葛拉姆马萨拉）、什锦坚果和水，煮至收汁。

❻加入葛拉姆马萨拉继续煮，加盐调味，盛在米饭上，每碗放一颗蛋黄。

*介绍该菜谱的山田女士见于本书P096—103。

26

井手 惠介

BEAMS 福冈
44岁 / 福冈县 糸岛市

井手先生一家十分注重餐桌旁团聚的时光。他们原本住在福冈市区，五年前搬到了糸岛市。这里是依山傍海、自然资源丰富的地区，连夫人都说："蔬菜和鱼类的新鲜程度与城里截然不同。"搬家之后，还原食材本身风味、还兼具交谈之乐的BBQ就成了家人最钟爱的活动。虽然住在郊外，但上班只需搭乘一趟电车，所以与家人相处的时间也很充实。

——厨房里最珍重的东西是什么？
柳宗理的南部铁锅。它可以用来煮饭、做西班牙烩饭，还能做红烧肉，有很多用途。而且这是我俩结婚时上司送的礼物，很有纪念意义。

——饮食生活中不可或缺的东西是什么？
产自糸岛的新鲜蔬菜。另外，当地食品公司——山下食品的"伊都蒟蒻"也很棒。我们家最喜欢这个牌子的圆形蒟蒻。

——最想在厨房里添置什么东西？
铸铁锅。我想要个柳宗理的南部铁迷你煎锅。如果再添置一台洗碗机，也应该会很方便吧。

——喜欢什么食物？
妻子做的意式热蘸酱。糸岛这个地方的蔬菜特别好吃，配热蘸酱生吃可谓极品。妻子娘家时常送他们种植的蔬菜过来，所以我们从来不缺新鲜蔬菜。另外，我们一家人经常去吃牧家的乌冬面。还经常去糸岛海岸的NATTY DREAD吃烤鸡和汉堡包。

——兴趣是什么？
收集植物。我尤其喜欢非洲和南美等地的球根植物，每天下班回来看着它们，总会感到莫名平静。还有就是摩托车。

——请透露一些正在收藏或忍不住会买的东西。
布制品。特别是土耳其和伊朗等中亚国家的织物，还有中国的民族服饰等。手工制作的物品最吸引我。

——请讲讲房间的主题和布置原则吧。
注意不制造压迫感，不在高于视线的位置放东西。

——最喜欢家里什么地方？喜欢在那里做什么？
坐在汉斯·瓦格纳设计的沙发上观赏植物。

——如何排解压力？
跟孩子们尽情玩耍。从这里开车到海边只要15分钟，我们夏天会早晨7点左右出发，带孩子到海边游泳，放松身心。我最喜欢的地方是糸岛野北海岸。

——喜欢哪种着装风格？
融合了牛仔风格和复古风格的简约军装风。

——请说说今后想添置的物品。
我想要一块摩洛哥手织地毯，放在起居室。

——加入BEAMS最大的收获是什么？
拓宽了人脉，跟饮食等其他行业的人有了交流，从中得到很多启发。

井手先生一家五年前搬到了目前居住的糸岛市。因为是一栋带庭院的独户房，一家人最喜欢在院子里烧烤。请同事和朋友过来玩时，他们也很喜欢烧烤。Helinox的桌椅、PRIMUS的炉子每次都能派上大用场。

起居室、门廊和院子里都装饰着球根植物。平时会在店铺设于东京的BOTANIZE网购产品，或是到福冈天神美容室兼营的绿植商店Bloomsbury PLANTS购买。

1. 井手先生一直很喜欢非洲出产的家具和传统手工艺品。照片是敲击树皮制作的非洲原住民裹腰。井手先生对那个花纹一见钟情,当场买了下来,目前装饰在起居室墙上。2. 夫人从母亲那里继承了菜刀和热三明治烤盘这些已经有好几十个年头的用具,至今仍在使用。"我忘不了小时候妈妈做的甜点和面包的滋味。现在只要一有时间,我就尽量用南部铁锅煮饭,用家用烤箱烤面包,制作能够留在孩子们记忆中的美食。"3. 摆放在玄关的非洲矮凳和用作门垫的织毯。非洲家具多数在东京的KANKAN商店购得。4. 起居室墙上装饰着中国民族服饰。井手先生说:"我是看中了这件物品的手织质感,还有那种深邃的蓝染。家里有很多非洲的东西,中国与非洲的风土文化截然不同,但是这些手工艺品摆在一起却异常和谐。"5. 起居室斗柜上摆着许多小东西。照片里是非洲枕头,形状奇特,乍一看好像木头摆件。

随着孩子渐渐长大,户外活动的物品好像也在慢慢增多。井手先生说:"STANLEY的水罐可以摆在家里用,也可以带去参加孩子的运动会等学校活动。现在用具渐渐齐全了,我准备带孩子们出去露营试试。"

FOOD ITEMS OF MINE

1．PRIMUS气炉专用的燃气。2．Baw-Loo的热三明治烤盘，是四十多年前的老款。3．月兔印的0.7升装细身水壶，BEAMS JAPAN特别定制款长方形保鲜盒，还有马克杯。4．柳宗理南部铁双耳浅锅。已经用了十一年，完全不显旧。5．芬兰室内装潢设计师昂蒂·诺米纳米（Antti Nurmesniemi）设计的桑拿凳。这是20世纪60年代的产品。6．CHEMEX的咖啡壶。7．用作装饰的DANSK冰桶，20世纪60年代制品。8．BALMUDA电水壶。9．用泥浆状化妆土进行装饰的陶器，是日本第一个使用泥釉陶工艺的柴田雅章的作品。10．可以像背书包一样携带的PRIMUS双眼灶。11．BALMUDA烤吐司机。12．STANLEY水罐。

马场家的风格就是在炸鸡块时用中餐香料——五香粉调味。餐桌上总会摆出四五道菜。"晚上我们会吃得饱饱的。"(右)楼梯墙上展示着先生的贝斯,还有夏威夷传奇艺术家希瑟·布朗(Heather Brown)的作品。

摆满了《星球大战》相关玩具的起居室里流淌着311乐队的音乐，餐厅里摆着热气腾腾的肥肠火锅和炸鸡块。一起生活了大约二十三年的马场夫妇休息日的饭菜"除了寿司什么都做"，冰箱冷藏柜里有好多五颜六色的调味料，令人好奇，冷冻柜里则陈列着大块的牛尾肉。夫妻俩为了吃爱吃的东西，不断钻研食材和烹调方法。二人都很喜欢这样的时光。

——请说一样对厨房的讲究。
我们比较喜欢无机质的风格，所以选择了不锈钢和干净的白色为基调。在厨房用具方面，尽量不用彩色的东西。

——饮食生活中不可或缺的东西是什么？
高汤。

——最想在厨房里添置什么东西？
新的意式咖啡机。

——喜欢什么食物？
我先生重现的夏威夷风味牛尾汤。

——对烹饪产生兴趣的契机？
擅长做饭的先生，还有每次去玩都会好饭好菜招待我的前辈的影响。

——做饭时最注重什么？
不要烧煳。

——请透露下餐饮方面经常参考的信息源。
(饮食专家)小林雅美老师。

——兴趣是什么？
芭蕾、美甲、DIY、看足球赛、书法、咖啡。

——在家时最喜欢如何消磨时光？
坐在沙发上看电视或是看书。

——生活方式中最注重的主题是什么？
适可而止的艺术，适可而止的创意。

——为什么选择现在住的地方(地区)？
因为熟悉这里，而且周围有各种方便生活的设施。

——请介绍一下打造自身风格时最喜欢的时装品牌。
SEA、REMI RELIEF、HERMÈS。

——常看的杂志、书或者网站等，有关室内装潢和服装时尚的信息源是什么？
枻出版社的Mook。

——如何培养品位？
品位不完全等同于时尚，对饮食的品位、对生活方式的品位也包含在内。所以要多观察，多尝试自己注意到的东西。可能有人认为这是一种另类，但我不这么认为。

——加入BEAMS的契机是什么？
以前我在外贸公司上班，最喜欢逛的就是BEAMS。虽然行业不同，但我一直对这家公司怀有憧憬，最后咬咬牙去了社招面试。

——在以往的工作中，最深刻的记忆是什么？
跟许多艺术家结识。还有跟迪士尼共事。

1. 玄关装饰着艺术家竹内俊太郎画的滑板，还有400% KUBRICK的手办。马场家有许多让内行人心动的收藏。2. 冰箱是先生还在独居时买的General Electric的产品。买回来太大了放不进房间，只能寄存在出租仓库里，等这座房子建好了，才总算派上用场。3. 玄关、走廊，还有起居室里都摆满了BE@RBRICK和"星战"的手办，这些都是做游戏的先生的藏品。其实这只是一小部分，其余都沉睡在十几个纸箱里。电视上正在播放夫妻俩都很喜欢的311乐队的DVD。马场家的爱犬P-Nut名字就取自他们最爱的311的贝斯手。※爱犬P-Nut请见本节封面图片。4. 三楼是马场女士的美甲工作室。"人越是上年纪，就越难在指甲上花费很多时间，而我可以帮上一点忙。" 5. 打开拉门，里面是雪白而摩登的洗手间。墙上还点缀着凯斯·哈林（Keith Haring）的作品和贴纸，充满了玩心。

通透的起居室以Heather Levine的墙面装饰为主角。由流木组合而成的壁挂营造出居家气息,衬托了工业风的家装。天花板选择了拼木纹路的墙纸,一部分墙壁则贴了砖纹墙纸。这片雪白的空间是房子建成五年后重新装修的产物。

美食家先生说:"每次在外面吃到好吃的菜式,就会想办法在家里再现。现在吃着吃着就会想:'材料和调味料都有什么?'已经成了习惯。"家中比较复杂的菜都由先生负责,土豆焖肉和煮物等家常菜则是马场女士负责。

FOOD ITEMS OF MINE

1. 陶艺家姐姐送的杯子。看着好像"星战"系列的赫特人贾巴！2. 这个伊贺烧的饭锅可以进微波炉，很方便。3. 母亲传下来的秋田产木饭盒。很喜欢这个浑圆细长的轮廓。4. 出没于全国停车场，可以在自动售货机买到的广岛产道乐高汤，是马场家煮物和乌冬的坚强后盾。5. 餐桌上必不可少的宗田节高汤酱油。6. 用这个铝制模具，可以做出酱馆那样好看的蛋包饭。7. DēLonghi的意式咖啡机。据说马场女士在池田修老师的拉花教室上过两年的课。8. MANTOVA的橄榄油，是很罕见的喷雾型产品。9. 马场家的2月14日是咖喱日。平时都是先生来做，今天则是马场女士大显身手。家里固定用铝制汤盘来吃咖喱。

28 国吉 麻由子

PR战略部 数字PR
35岁 / 东京都世田谷区

吉女士以前经常去吉祥寺学习泰国菜，现在能做很多正宗菜式。餐桌上摆着当时学到的泰式青木瓜沙拉，还有从爱好烹饪的母亲以及经常研读的饮食专家的著作中受到启发制作的藜麦沙拉和糖醋风味炒肉。在放松身心的同时，也不忘研究美食。可能正因为有了这种态度，她站在厨房里的背影才显得如此快乐。

——请说一样对厨房的讲究。
在有限的空间和范围内，打造出充实的感觉。

——厨房里最珍重的东西是什么？
所有东西我都很珍重，如果非要指定一个，那就是Cutipol的餐具。每次看到它们，我就会想起购买时的情形和心情。

——饮食生活中不可或缺的东西是什么？
"这一刻真幸福"的感觉。

——最想在厨房里添置什么东西？
简直太多了，有一直想要的家电，还有调味料。不过我首先想搬到厨房面积更大的地方。

——喜欢什么食物？
妈妈做的菜。开在池上的Chez Mikki家的点心，下北泽CITY COUNTRY CITY的意面，还有所有泰国菜。

——对烹饪产生兴趣的契机？
应该是受到了让家里餐桌丰盛充实的妈妈的影响。

——做饭时最注重什么？
快乐享受制作过程的心情。还有营养均衡。

——请透露下餐饮方面经常参考的信息源。
MYLOHAS（尤其喜欢插画家小暮秀子的连载）。自己喜欢的饮食专家的Instagram（内田真美女士@muccida，还有村山由纪子女士@yukiyucca）。

——兴趣是什么？
出去欣赏音乐，出去吃好吃的。

——请讲讲房间的主题和布置原则吧。
光是自己的东西就有很多颜色了，所以家具尽量统一为白色。

——为什么选择现在住的地方（地区）？
我喜欢这里传统和现代混合的感觉，而且无论去哪儿都很方便。

——喜欢哪种着装风格？
简单穿着具有冲击感的单品。比较喜欢模特里斯·布鲁斯坦（Reese Blutstein）的穿搭。

——每天搭配服饰时最爱用的单品是什么？
我下装比较多花纹和夸张的色彩，所以喜欢搭配白色系上衣。

——如何培养品位？
目前我倾向于多与感受性和兴趣不同的人交谈。

第一次离开父母独居,选择了世田谷区的住处。现在她已经想永远住在这里了。因为这里总在举办好玩儿的活动,还有许多不同类型的美食店。虽然经常跑出去吃饭,不过喜欢烹饪的她还是不会忘记在家享用美食。

（上）国吉女士也很喜欢制作点心，经常在家做核桃、葡萄干和开心果夹心的磅蛋糕。堪称回味无穷的大人味道。（下）经常跟住在附近的同事相约一起参加音乐活动，这天也一边播放演唱会DVD，一边共进午餐。

1. 复古风情的首饰盘让收纳变得更优雅。每天从精心挑选首饰的时刻开始。2. 身兼音乐家、影像作家、写手等数职,多才多艺的艺术家Lee Lang的散文集。这是摆满书架的众多钟情作品之一。3. 动物造型的迷你小物盒是MARIE POTTERY品牌的作品。每个小物盒都是手工制作,从各种绝妙的表情和动作中精心挑选出来,所以每次看到都会面露爱之色。4. 上高中时正值精致咖啡热潮,从那时起就对衣、食、住等文化产生了兴趣,大学还选择了营养学专业。独立音乐经纪公司KAKUBARHYTHM的角张涉先生出版《衣·食·住·音》时,她去参加纪念活动,还拿到了签名。5. 这道菜本来是泰式木瓜沙拉,用胡萝卜代替了木瓜,也很好吃。加入了超级食材藜麦的菠菜柠檬沙拉,以及糖醋鸡肉和酸甜辣椒酱点缀了餐桌。用紫苏和足量砂糖熬制的红紫苏糖浆,只需兑一点碳酸水,就是一杯淡藤紫色的清爽饮料。

（上）书架上层最显眼的地方摆着最喜欢的演唱会DVD。（下）自己添置的柜子里摆着制作西餐经常需要用到的餐具，比如扁平的碗盘。听说诀窍在于竖着收纳。

FOOD ITEMS OF MINE

1. 常备菜品使用的野田珐琅白色系列餐具。这种餐具不容易串味，用起来也让人心情愉快。2. 在夏威夷买的海星盘。3. 以前在吉祥寺阿姆里塔餐馆上泰国菜烹饪课时的笔记。4. 平时很爱惜的Cutipol餐具套装。5. yumiko iihoshi制作的器皿，用来盛放泰国菜和冲绳杂炒菜特别好看。6. 在滨田山看上的点心盘，正好适合装蛋糕。7. 越用越好用的柳宗理不锈钢碗。8. 同样是柳宗理设计的滤网。9. 平时常用的调味料。最近迷上了葛缕子。10. 从父母家带过来的饮食专家栗原春美老师的著作。内容丰富，每次重读都有新发现。

㉙ 高野 开登

TOKYO CULTUART by BEAMS
27岁 / 东京都小金井市

（上）厨房瓷砖上的怪物们。"我有一次突然想到可以在瓷砖上画画。因为瓷砖是网格状的，太适合作画了。"
（下）高野先生描绘的怪物都有名字。这是家乡岐阜县可儿市一位爱好点心制作的女士以他画的"最佳状态怪"为原型烤制的饼干。

高野先生既是TOKYO CULTUART by BEAMS的员工，也是一名艺术家，而他的餐厅就是画室。他每天都会根据那天的经历，用马克笔画下自己想象的怪物。遇到休息日，还能一天画出几十个！今天，他也啃着以自己作品为原型制作的饼干，在白纸上创作新的角色。明年还计划出版作品集。

——请说一样对厨房的讲究。
不制造多余的东西。

——厨房里最珍重的东西是什么？
DAISAK的陶器摆件。

——饮食生活中不可或缺的东西是什么？
方便快捷。

——喜欢什么食物？
TATSUYA新宿店的纳豆牛肉饭。

——对烹饪产生兴趣的契机？
被（漫画）《黄金神威》中的饮食描写触动。

——请透露餐饮方面经常参考的信息源。
（漫画）《1日外出录班长》《白天的钱汤酒》。

——兴趣是什么？
画画。

——请透露一些正在收藏或忍不住会买的东西。
婶婶做的新型怪物玩偶。

——在家时最喜欢如何消磨时光？
一整天蹲在家里画怪物。

——生活方式中最注重的主题是什么？
可供工作的空间。

——最喜欢家里什么地方？喜欢在那里做什么？
坐在桌边默默画画。

——请说说您最喜欢的家居品牌和店铺。
中野MANDARAKE 四楼的怪屋。

——为什么选择现在住的地方（地区）？
离车站近。

——喜欢哪种着装风格？
以T恤为主角的风格。

——如何培养品位？
要有喜欢的事物。

——加入BEAMS的契机是什么？
觉得可以画画。

——加入BEAMS最大的收获是什么？
在个展的开幕式上，跟社长一起剪彩。

——在以往的工作中，最深刻的记忆是什么？
在BEAMS JAPAN办了自己最崇拜的横山裕一先生的展览。

1. 高野先生一直以TOMASON的笔名展开活动。这是与家乡岐阜县社会福利法人联名制作的"最佳状态怪"陶瓷筷架。这个联名活动主要是通过地方主要产业——陶艺来为残障人士提供支援。提供作品的初衷是设计一个残障人士也能制作的陶艺作品。"我接到的要求是什么人都能轻松制作的造型，于是就选了它。我每年都会创作一个代表当年的怪物，这是2018年主推的款式。" 2. 铺满纸张的桌子周围放有各式画具，看着不像餐厅，反倒像个画室。高野先生不打底稿，习惯用彩笔一气呵成。"八年前，我决心每天至少画一个怪物，就这么坚持下来了。" 3. 去中国台湾参加艺术博览会时买到的头戴猩猩面具的泳装女性照片。4. 厨房瓷砖上画满怪物，台面上摆满了多彩的摆件。杯具、调味料罐这些物品在购买时都是优先趣味性而非实用性。5. 网购的巨型达斯·维达模型，摆在门口迎宾。"'星战'真的超棒。"

（上）门上装饰着上学时就很喜欢的横山裕一的宇航员笔记。"我当时专门跑到爱知县和兵库县那边去看展。"（下）书架上摆满艺术类书籍和杂志，还有喜欢程度跟横山裕一不相上下的丹尼尔·约翰斯顿（Daniel Johnston）的作品，除此之外就是满满当当的手办。

（上）阳台看出去的风景。高野先生就住在车站边上。"我尽量缩短交通时间，把更多时间投入创作中。"
（下）婶婶用塑料绳编的高野先生的作品的玩偶。黄色T恤是高野先生负责绘图的HUB/COFFEE PLEASE产品。该产品在TOKYO CULTUART by BEAMS有售。

FOOD ITEMS OF MINE

1. 在KEITA MARUYAMA快闪店买到的增田光作品。2. DAISAK的马克杯,是在TOKYO CULTUART by BEAMS买的。"店里有很多款式,我选了最可爱的。" 3. 名古屋汉堡店KAKUOZAN LARDER的周边。"款式的创意是虚构的居酒屋里的酒杯。这家店的汉堡特别好吃,老板夫妇人也很好。" 4. 高野先生设计的"最佳状态怪",做成了立体化的筷架。5. 巨大的乳房可以拆卸,分别用来装盐和胡椒。"这是我在高圆寺的画廊FAITH发现的东西。不怎么实用,主要用作装饰。" 6. 大正元年创业的蒟蒻店——久野商店的鸭舌帽。"久野商店是一个BEAMS同事父母家的店。我们为其制作了硬派的店标鸭舌帽和T恤,都是原创周边。"

30
村田 典子

BEAMS创造研究所
44岁 / 东京都杉并区

热腾腾的玉米饭。把玉米芯也放进去煮,可以煮出高汤风味,香气怡人。(右上)面朝外侧的厨房,可以一边看孩子玩耍,一边放心做饭。(右下)周末经常跟幼儿园的家长朋友和公司同事相约午餐会。

（上）油浸金枪鱼使用了VERMICULAR的电子铸铁锅制作，以70度的油烹调一个小时。增香的迷迭香是自己在露台上种的。（下）在喜爱的Tiffany酒杯里倒上自然葡萄酒，一起干杯。用煎茶煮过的叉烧搭配姜茸酱。

村田女士的假日从自然醒来、花点时间慢慢吃早餐开始。"吃着早餐就在想午餐,这种感觉很幸福。"从开放式厨房可以看到5岁和1岁的姐弟在起居室活泼地玩耍,村田女士站在厨房里,开始精心准备下午的饭菜。BEAMS的同事和在幼儿园认识的家长朋友也经常来参加这场迟到的午餐会,等朋友聚齐,就是笑声不断的周末时光。

——请说一样对厨房的讲究。
我比较注重作业的动线,另外可能还有保持整洁、不过度讲究吧。

——饮食生活中不可或缺的东西是什么?
聊天和搭配的饮品。

——最想在厨房里添置什么东西?
可以用来储存食材、使用方便的柜子。

——喜欢什么食物?
我很喜欢面包,会去各种面包店采购。另外,还很喜欢来点小菜下酒。

——对烹饪产生兴趣的契机?
一开始是出来独居,实在没办法。不过我妈妈很喜欢烹饪,我从小一直看着她烹饪,自然而然就喜欢上了。

——做饭时最注重什么?
菜不需要太复杂,但是准备要到位。能亲手做的尽量亲手做(比如盐曲、面汁、油浸小食等)。

——请透露下餐饮方面经常参考的信息源。
在国外生活了很长时间的妈妈和婆婆。Instagram。

——请透露一些正在收藏或忍不住会买的东西。
平跟凉鞋、餐巾纸、带拉锁的塑料袋、童装。

——最喜欢家里什么地方?喜欢在那里做什么?
在餐厅一边品酒或是喝咖啡,一边看孩子们玩耍。

——请说说您最喜欢的家居品牌和店铺。
在各国旅行时走进的超市。幡谷的BULLPEN、水道桥的器千鸟、ASTIER de VILLATTE。

——为什么选择现在住的地方(地区)?
因为一直都住在杉并区,出于惯性。加上这里交通方便,又很安静。我也很喜欢"冲绳小镇"的休闲感。

——喜欢哪种着装风格?
流行风、民族风,还有带一点女性感的风格。

——每天搭配服饰时最爱用的单品是什么?
简约的上衣,比较有特色的包。

——请介绍一下打造自身风格时最喜欢的时装品牌。
菲比·费洛(Phoebe Philo)任总监时期的CELINE。

——如何培养品位?
了解自己的自卑感。不怕失败。多出去旅行。

1. 对先生来说，自行车是生活的一部分，最多时甚至拥有七八辆。现在，他的书房兼玩具房和车库里一共有三辆爱车。再加上滑雪板，构筑起独立的世界观。2. 在厨房大显身手的VERMICULAR电子铸铁锅是庆祝孩子出生买回来的。自带计时器，还有低温烹调功能，用来做牛肉和油浸三文鱼都很好吃。3. 在惠比寿PACIFIC FURNITURE SERVICE的零件中心买到的德国厂商ALUTEC的铝制储物箱，最适合用来放容易散乱的小东西。4. 田村家有三层楼，朝窗的楼梯转角便是这个模样。从这个区域照进来的阳光可以覆盖整个起居室。以夏威夷群岛为主题的patagonia托特包用于收纳日常杂货。5. 村田女士的表亲在西荻洼的旧货店买回了这个餐具架，大约二十年前送给了村田女士。WEDGWOOD的这套杯碟是很早以前发现的，觉得花纹很不错，后来慢慢寻找，逐渐才凑成一套。饮水机上的磁贴是去巴黎和夏威夷旅行的纪念品。

（上）1岁的儿子正值喜欢到处乱走的年纪，对厨房特别感兴趣。因为生活以孩子为中心，房间的首要主题是"安全"。（下）最近的爱车是美国自行车品牌SURLY的产品，上面安装了儿童座椅，在BLUE LUG Hatagaya组装。

（上）剑持设计研究所和布鲁诺·马松（Bruno Mathsson）设计的沙发是天童木工制品。阿尔瓦·阿尔托的边桌在talo购得。起居室的吊灯是新潟工房的藤编产品，在Playmountain购得。（下）亲手制作的金枪鱼沙拉里加入了麻仁，健康美味。

FOOD ITEMS OF MINE

1. 在驹场东大前车站的意式食材店PIATTI买到的"让人爱不释手的红葱"和新加坡特产姜茸酱。2. 画了马和狗图案的WEDGWOOD茶杯。因为女儿属马，儿子属狗，所以特别珍爱这套茶杯。3、5. 在岐阜县土岐市设有工房的小泽基晴的器皿。使用了铜釉和翡翠釉，色彩十分美丽。4、7. ASTIER de VILLATTE的器皿。碗是十几年前在巴黎买的，去年故地重游，又添置了碟子。6. 明治八年（1875年）创业，日本历史最古老的茶筒老店，京都开化堂的咖啡罐。8. 今天的酒是La Luna Rosé 2017。平时经常到销售自然葡萄酒的LUG Hatagaya购买。9. VERMICULAR电子铸铁锅，一直在厨房马不停蹄工作的主角。10. 每天早上冲咖啡时爱用的CHEMEX。

二年前，江头女士从福冈来到东京，加入了BEAMS。她在老家没什么机会做饭，开始独居生活后，就对烹饪产生了兴趣。按照父亲用LINE发来的菜谱，她每天都能学会一道新的菜。要是有不明白的地方，只要打电话给耐心又有经验的父亲，就能顺利解决。今天的午餐与交往了很长时间的伴侣一起享用。

——厨房里最珍重的东西是什么？
餐具。

——最想在厨房里添置什么东西？
塔吉锅。

——喜欢什么食物？
家里做的肠锅。

——对烹饪产生兴趣的契机？
从福冈来到东京开始了独居生活。

——做饭时最注重什么？
摄取蔬菜最重要。

——请透露下餐饮方面经常参考的信息源。
Instagram、家人用LINE发来的菜谱。

——兴趣是什么？
看书、品酒、自己做凝胶美甲。

——请透露一些正在收藏或忍不住会买的东西。
书、牛仔古着、皮革小物。

——在家时最喜欢如何消磨时光？
准备好喜欢的菜肴和酒，看一场电影或是电视剧，吃完饭就看书品酒。

——最喜欢家里什么地方？喜欢在那里做什么？
沙发和手工制作的桌子。吃饭、看书。

——请说说您最喜欢的家居品牌和店铺。
高圆寺malto。

——为什么选择现在住的地方（地区）？
因为这里有很多我喜欢的古着店，虽然地区繁荣，但是环境安静平和。

——如何排解压力？
一个人唱卡拉OK，跟朋友或同事喝酒聊天。

——请介绍一下打造自身风格时最喜欢的时装品牌。
AURALEE、INSCRIRE。

——常看的杂志、书或者网站等，有关室内装潢和服装时尚的信息源是什么？
GINZA、VOGUE JAPAN、SPUR、Instagram。

——请说说今后想添置的物品。
AURALEE的风衣。

——加入BEAMS最大的收获是什么？
每天穿喜欢的衣服，在工作中能接触到时装。

今天的午餐沙拉有大块的牛油果和煎茄子,还有江头家真传的猪肉火锅,老家奇来的福屋明太子,用土锅煮的毛豆饭,另有没出现在照片上的纳豆紫苏煎包,一共五样。

（上）江头女士的饮食生活中不可或缺的水果。厨房角落的水果盒里常备好几种。
（下）擅长烹饪的父亲传授的火锅。今天，再加入猪五花就大功告成了。

1. 江头女士做的菜皆由父亲传授，画面上是父亲发给她的原创菜品——辣炒高级香肠。父亲关心来到东京只有几年的女儿，经常用LINE给她发送一些照片和文字菜谱。最近老家还开辟了家庭菜园，父亲的手艺更上一层楼了。2. 江头女士喜欢看书，经常在电车上、自己家和咖啡店阅读漫画和小说。对她来说，那是一段让心情平和的重要时光。常去的地方是高圆寺的CITY咖啡店。3. 每次看到一见钟情的东西就忍不住买下来。她手上的盘子就是在目黑的GALLERY STORE旧物快闪店看到后，忍不住买下来的东西。4. 电视机旁的空间用来放置首饰，都是江头女士的宝贝。有Laura Lombardi的金耳环、CHROME HEARTS，还有祖母送给她的银项链。她每天用这些饰品装饰服装，点亮心情，把它们当成了护身符。5. 点缀着皮革花和流苏花边壁毯（Macramé）的房间。今后还会增加内饰，把这里打扮得漂漂亮亮。

（上）江头女士来到东京后，开始对烹饪感兴趣。她还喜欢品酒，下班后和休息日，与恋人、朋友和同事共饮的时光总能让她倍感治愈。
（下）拿手菜之一的纳豆紫苏煎包。这是江头女士根据经常光顾的居酒屋的人气小吃改良而成。

FOOD ITEMS OF MINE

1. 来到东京后经常光顾高圆寺的旧物&室内装潢店malto，这是在那里买的棕熊和白熊筷架。2. 江头女士酷爱吃辣，她的好伙伴就是八幡屋矶五郎的七味辣椒粉。平时用在沙拉汁、味噌汤和各种食物中。3. 复古风情的调味料架，也是在malto购得。4. 江头女士恋人的高中同学掌管的画廊定期举办旧物快闪活动，他们在那里买到了这对暗绿色马克杯。5. 收集古着纽扣制作的杯垫。6. 苍龙葡萄酒出品的国产葡萄酒。因为一家人都喜欢葡萄酒，老家定期给她寄一点过来。7. 可爱花朵图案的盘子。8. 用来充当米缸的玻璃罐。

32

大岩 绘里奈

Ray BEAMS设计总监
34岁 / 东京都杉井区

279

用日本料理招待朋友,菜品有STAUB一合锅煮的玉米饭、筑前煮、高汤冷盘和厚蛋烧等。大岩女士上幼儿园时就发现了烹饪的乐趣,小学就让家长给自己买了专用的菜刀,是个资深烹饪爱好者。

今天装点餐桌的是莲藕与胡萝卜做的筑前煮。大岩女士微笑着说:"我很喜欢精细作业。"她工作日也经常自己做饭,休息日还沉迷烤点心。"只要沉浸在其中,心情就能得到放松。"牙签罐是小鸡造型的,打泡器是兔子造型的,砧板上印着小鸡图案……原来大岩女士的家中到处藏着小动物形象,生活过得细致又可爱。

——请说一样对厨房的讲究。
方便的厨房。放下砧板还有空间,方便拿取经常使用的东西。

——饮食生活中不可或缺的东西是什么?
朋友送的菜刀套装。T-fal的锅具套装。

——喜欢什么食物?
日本料理。

——对烹饪产生兴趣的契机?
幼儿园的烹饪课。

——做饭时最注重什么?
做自己当时想吃的东西。注意口味的平衡和颜色搭配。

——兴趣是什么?
做点心。去不同的咖喱店。

——请透露一些正在收藏或忍不住会买的东西。
点心用具、材料。

——在家时最喜欢如何消磨时光?
放着音乐,躺在床上看书。

——请讲讲房间的主题和布置原则吧。
可爱的房间。

——最喜欢家里什么地方?喜欢在那里做什么?
厨房。喜欢放着音乐做饭,坐在餐椅上喝拿铁,然后继续做饭。

——请说说您最喜欢的家居品牌和店铺。
TODAY'S SPECIAL、CIBONE、D&DEPARTMENT。

——如何排解压力?
做饭。热瑜伽。

——每天搭配服饰时最爱用的单品是什么?
头饰。

——请介绍一下打造自身风格时最喜欢的时装品牌。
Ray BEAMS、古着。

——如何培养品位?
多看,多体验,不怕失败。

——加入BEAMS的契机是什么?
觉得很好玩,而且时机正好合适。

——在以往的工作中,最深刻的记忆是什么?
在一次策划团队和客户搞的忘年会上,我表演了桃色幸运草Z的《跑吧!》,后来客户也加入进来,非常热闹。在此之前,我利用午休时间,在会议室和卡拉OK又唱又跳,练习了将近一个月。

1. 床上方的白色墙壁是展示空间，挂着自己喜欢的明信片和首饰。搭配复古风格的画框和花朵造型，就像巴黎的公寓。2. 除了这个小鸡造型的牙签筒，家中还有各种动物造型的东西，比如鸭子花瓶、刺猬图案的杯子、动物冰箱贴等。空调与墙壁的15厘米间隙里，也悄悄藏着小动物玩偶。大岩女士说："我家的小动物都很害羞。"没错，它们虽然都不起眼，但加在一起数量非常可观。3. 做饭前先写好菜谱，贴在冰箱上。从写字的动作也能看出大岩女士细心的性格。4. 首饰盒里有很多花朵等有机造型的首饰。作为Ray BEAMS活跃设计师的大岩女士，在上学时曾经烦恼过要选择服饰还是餐饮的道路。现在美食已经成了她的兴趣，只要有时间就会埋头研究烤点心。5. 书架上摆满了烹饪和制作点心的书籍。平时大岩女士很注意自己做饭，还经常事先做好小菜，随用随取。

饭后就用自己亲手制作的点心招待客人。"我很喜欢沉浸在点心制作中的那种感觉。而且能让人感到神清气爽。"听说她有段时间每天晚上都沉迷于烤点心。今天的甜点是蓝莓、苹果、香蕉味的杯子蛋糕。

厨房以白色和自然色为基础,加入了黄色与红色,给人以明亮时髦的印象。很多人独居时都在沙发和茶几上吃饭,大岩女士则在厨房里专门添置了餐桌椅,让每一餐饭更有仪式感。

FOOD ITEMS OF MINE

1. "惠比寿刃"的hana系列菜刀，朋友送的礼物。因为刀身狭窄，很好把握，也方便削皮。很喜欢刀柄末端的梅结标志。2. 大岩女士上小学时做的锅垫。有点写实感的猪形轮廓很不错。3. ZWILLING的剪刀十分锋利，用来对付较硬的蔬菜很方便。4. 面包、汉堡、巧克力，这些其实都是母亲传给她的便当盒。吃的时候就用巧克力饼干棒造型的筷子。5. 做烤点心必不可少的模具。复古风情的香蕉形金属模具和果冻模具都是母亲送的。6. 想做快手日本料理时最常用到的茅乃舍高汤包。7. 月兔印的珐琅水壶，复古又摩登的红色很讨人喜欢。8. STAUB一合饭锅，只需10分钟就能烧好一碗好吃的米饭。9. 去年泡的梅酒，还要一点时间才能喝……

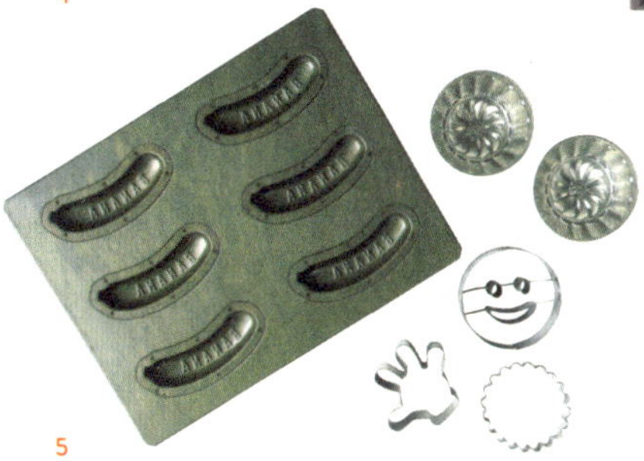

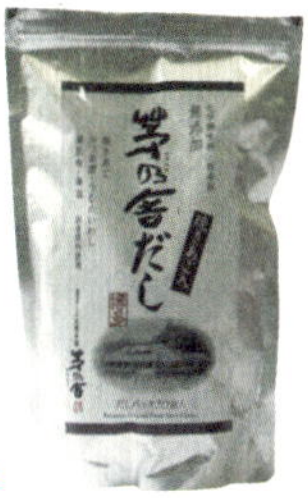

33

特里普斯·史（音译）

BEAMS 香港
24岁/中国香港北角

浸透了家族历史的起居室。一起饮茶是家人坚持的习惯。（右上）市场上买来的汤圆，加上几颗红枣煮成甜汤，已经成了史家庆祝父母邂逅的"情人节"的固定甜品。（右下）第二台冰箱专门用来储藏茶叶。

289

（上）中式茶盘上放着香港名产蛋挞。在老店九龙餐室的北角分店购得。（下）母亲的皮肤光滑透亮。身上那件BEAMS和NIKE的联名T恤是女儿送的礼物。

史小姐说："我家的人都很忙，因此很珍惜难得在一起喝茶谈论彼此近况的时光。"母亲坐在茶桌前，用充满使用感的茶具娴熟地冲泡铁观音。她虽然忙碌于实业家的工作，但也坚持用基于传统智慧的菜肴来保持健康与美丽。是母亲用脉脉温情操持着这个家，因此她也是史小姐的榜样。

——烹饪最重要的是什么？
通过饮食来保持身体与心灵的健康。饮食不仅是为了摄取营养，还能让人感受到幸福，而且做饭的时候，心灵也能得到治愈。如果就烹调方法来说，就是为了吊出最棒的香味和风味，要用大火力的煤气灶进行烹调，而不是电磁炉。

——请说一样对厨房的讲究。
哪怕空间狭小，也要具备平时需要的烹调用具和家电，功能性完备。我们还买了第二台冰箱，专门用来储藏茶叶，让茶叶保持在最佳状态。

——最想在厨房里添置什么东西？
烤箱。做中国菜虽然用不到烤箱，但我想尽量拓宽自己做菜的可能性。

——喜欢什么食物？
烹调方式多样、快手易操作、跟什么都搭的意面！

——对烹饪产生兴趣的契机？
受到母亲的影响，因为她认为，再怎么忙碌也要在家好好吃饭。她在饮食方面的造诣时常让我特别感动。

——兴趣是什么？
旅行。我想多看看未知的土地，体验那里的文化和生活。其实我之所以成为买手，就是因为出去旅行的机会很多。

——为什么选择现在住的地方（地区）？
北角交通方便，还有很多小而隐蔽的美食店铺。

——生活方式中最注重的主题是什么？
跟家人的话，最注重品茶。如果是自己，则是好喝的咖啡。旅行前我会制作最想去的当地咖啡店清单。

——喜欢哪种着装风格？
简约风格。

——每天搭配服饰时最爱用的单品是什么？
宝石和首饰。虽然都是些闪闪发光的小东西，不过搭配起来就会显得更完美。

——请介绍一下打造自身风格时最喜欢的时装品牌。
我喜欢平淡而不乏玩心，与各种风格都很搭的LOEWE。还有独特而不过时的宝石品牌TEMPLE OF THE SUN。

——加入BEAMS的契机是什么？
BEAMS既充满生机，又不失经典，不仅好奇心旺盛，而且重视价值，不被既有概念束缚，这完全符合我心目中的理想生活方式。

1. 史小姐最喜欢的家庭空间就是自己的卧室。她在这里装饰了许多深感共鸣和可爱的东西。旅行时收集的耳环分别来自日本、韩国、英国和印度。2. 一年最喜欢的节日就是圣诞节。房间里装饰着秘鲁人手工制作的雪人和驯鹿，枞树挂件则是在日本TITICACA买到的。3. 史小姐特别爱看书，工作日晚上和休息日都沉浸在书本中。她喜欢的类型有神话、童话、寓言，能够从书中学到许多古代的智慧。目前正在读中译版《一千零一夜故事集》。她还很喜欢看电影。4. 从厨房窗户看出去，就是香港独特的竹制脚手架作业光景。工人灵巧地上下攀爬，让人惊讶。5. 史小姐还会收藏熏香器和室内香薰。最近很喜欢新西兰ASHLEY & CO.出品的Tui&Kahili。细腻的百合、生姜、含着草天然香气，治愈身心。充满神秘感又魅力无穷的银河图案电脑包来自MARC JACOBS。圆形便携电源是THECOOPIDÉA的产品。

(上)外国寄来的明信片充满了家人和朋友的温暖回忆,看着看着就会沉浸在幸福中,里面还有旅行时拍摄的纪念照片。(下)父母在福建省买回来的手工实木茶盘,使用时间越久就越有味道。

（上）卧室里满是自己收藏的小东西，已经成了史小姐的秘密基地。今后还会继续丰富这些让人开心的装饰。（下）越食越美是香港人的讲究。饱含胶原蛋白的鱼胶泡发之后，经过长时间熬煮变成靓汤。

FOOD ITEMS OF MINE

1、2. 酱油和辣椒酱用的小味碟花纹复古。3. 营养丰富的靓汤是粤菜必不可少的一味。图上是母亲爱用的汤碗和汤匙。4. 弟弟从北京带回来的马克杯。用它冲一杯咖啡，可以暖到心里。5. 茶叶罐，用来存放母亲引以为傲的高品质茶叶。6. 炒菜经常用到的耗油，胶管包装，方便挤出。7. 看到漂亮的茶罐就要收藏起来，还能把小包装的茶叶装在里面送人。8. 香港家庭必备的鸡粉。9. 小袋真空包装的茶叶。左边两种是一家——福建省名产铁观音。中间是添加了肉桂的岩茶，右边是尖沙咀K11的咖啡店Simplii Yours的独家拼配咖啡。10. 用于上色的老抽也是家中常备调味料。11. 老字号的醋。12. 陈旧的炒锅是烹饪高手的证明。

MY FAVORITE RECIPE #4

前田 太志 PR战略部 媒体运营/35岁/埼玉县川口市

MENU
蘑菇烩饭

前田先生早在上小学时就很喜欢烹饪。最擅长在户外露营中大显身手的他，这次要做一道不花时间但入味又好吃的蘑菇烩饭。只需要对速冻炒饭稍做加工，就是一道好看又好吃，大人小孩都喜爱的美味。

TIME
烹调时间15分钟

INGREDIENT
材料(2人份)

速冻炒饭：2人份
云蕈：1袋
口蘑：1袋
牛奶：150毫升
奶酪粉：2大茶匙
高汤粒：1小茶匙
盐、胡椒：各少许
橄榄油：适量
欧芹：适量

RECIPE
制作方法

❶煎锅加橄榄油，翻炒撕碎的云蕈和口蘑。

❷待蘑菇炒熟后，加入速冻炒饭（无须解冻）继续翻炒。

❸在❷中转圈添加牛奶，搅拌均匀。

❹在❸中添加奶酪粉、高汤粒、盐、胡椒等调味料，翻炒到收汁。

❺装盘，用欧芹点缀。

*介绍该菜谱的前田先生见于本书P132—139。

34 伊藤 雄一郎

BEAMS 台湾
45岁／中国台湾台北市

伊藤先生被任命为BEAMS中国台湾区负责人，2017年开始只身赴任。他选择了台湾最具代表性的名胜——"故宫博物院"附近一片充满自然风光的幽静住宅区落脚。因为只身赴任而开始研究烹饪的伊藤先生最注重饭菜与酒的搭配，还有健康美味。即使在忙碌的日常中，他也会到当地传统的市场和批发店集中的区域，搜罗本地的食材和工艺品，将其融入自己的生活，并从中获得乐趣。

——为什么选择现在住的地区？
周围有山，充满自然风光。而且空气好，很适合跑步。

——在家时最喜欢如何消磨时光？
一边品酒一边在厨房慢慢做菜。早起躺在床上看书。在屋顶烧烤。

——最近比较喜欢的食品是什么？
澎湖的"正义花生酥"，宜兰的熏鸭等当地名产。

——会忍不住买什么东西？
衣服，还有台湾的调味料。

——冰箱里常备什么东西？
台湾啤酒，台湾威士忌Kavalan。

——生活方式中最注重的主题是什么？
工作与玩乐都很重要。

——请讲讲房间的主题和布置原则吧。
不放太多东西。用水的地方保持清洁。经常打扫。

——请透露下最喜欢的商店。
迪化街批发市场的商店、咖啡店和酒店。它们都巧妙改造了历史悠久的建筑物，特别有味道。

——如何培养品位？
家里不能少了花，一日三餐不随便应付，保持鞋子干净。总之就是认真对待生活。

——搭配服装最注重什么？
考虑对方的感受，考虑时间场合与活动内容。我觉得这就是时尚。

——第一次与BEAMS相遇的情形？
我上初中的时候，有一天走进店里，发现店员都特别酷，于是就喜欢上了。

——加入BEAMS最大的收获是什么？
从买手、地区经理、监事到台湾地区负责人，我在这里得到了许多机遇，也积累了许多宝贵的经验。

——在以往的工作中，最深刻的记忆是什么？
就是现在被任命为台湾地区负责人。我能够在这里用到此前积累的所有经验，一点都不浪费。

今天的菜品有根萝卜沙拉、蜂蜜拌番茄、凉拌苦瓜、萝卜乌鱼子片。蘑菇用煮汁做成蒸卤口味,配上蒸鸡酱油。燻鸭搭配洋葱丝和仔姜,用台湾柠檬增添清爽风味。晚酌选用了夏日最爱的芋头烧酒兑苏打水。

干净整齐的冰箱里放有台湾调味料，跑步后顺道在滨江市场买来的蔬菜水果，以及台湾啤酒。这天做饭时穿着的休闲服装是今年台北举办的"PLAN B IN TAIPEI"限定版T恤。

1. 到台北赴任前，希望有一样跟女儿相关的东西放在身边，就带来了这张画。今年夏天，女儿一个人到台北来找伊藤先生玩了。2. 搭配休装时最重视的就是鞋子。每次穿过都要仔细刷干净，然后让鞋子休息复原。每逢休息日，必不可少的工作就是擦鞋。最推荐M.MOWBRAY的温和鞋油和能瞬间清除鞋底泥污的Tinkle含醋喷雾。在台北，鞋底很容易弄脏，因此这种喷雾成了必备物品。二十多年前加入BEAMS时，前辈告诉他："在洋装店，最重要的是保持鞋子干净。"他从此养成了习惯，现在已经把擦鞋当成了跟做饭一样放松心情的活动。3. 装饰房间的多肉植物是跟每周去三次的汉语课的老师一起到花鸟市场买的。桌椅都是Eames的。4. 东京的住处偏北欧风格，在台北则用许多草编的笼子和中式小物装点房间。5. 一看衣柜就知道伊藤先生有多喜欢衬衫。衬衫都按照色彩排列。伊藤先生喜欢不对衣服做出限制，随心所欲地穿着。"在与人交往方面也一样，我喜欢接触爱好不同的人，并且不问国籍，广交朋友。"

伊藤先生每天上班前后和休息日都会出去跑步，休息日会单程跑上十千米，一直跑到著名景点北投和阳明山一带。跑完步就在自家屋顶上小酌一杯，沉浸在小小的幸福中。站在屋顶就能看到附近的"故宫博物院"，可谓奢享受。

FOOD ITEMS OF MINE

1. 在台北最大的批发市场迪化街买到的调味料。左边的乌鱼子酱还适合用来做意面，右边则是做蒸菜和冷豆腐万能的麻油姜泥。2. 来到台北后，养成了品工夫茶的习惯。3. 在迪化街买到的中式蒸笼在做饭时大显身手。下层放蔬菜，上层放鱼肉。4. 决定只身赴任时，东京办公室的同事们送的Turk铁制煎锅。5. 买菜用的托特包是BEAMS Planets参加台交会时，总监来到台湾，在当地买花布制作的原创品。6. 担任监事时，店铺员工赠送的印有伊藤先生姓名的芋头烧酒。目前小心收藏着，留待以后的纪念日开瓶。7. 安久号专门店的乌鱼子。切成片配萝卜，最适合晚的下酒。8. 平时很爱吃的干面——曾拌面。

307

（左）金先生母亲亲传的蛋饼，又薄又脆。除此之外还有家乡寄来的泡菜、胡萝卜腌草鱼、谷中生姜烧猪肉、紫甘蓝沙拉。（右上）与设计师详细探讨后，把厨房做得更加宽敞。（右下）专门定制的吧台，正好能容纳各种杯具。

厨房很宽敞，父女俩都站在里面也能自由活动。6岁和4岁的女儿都很喜欢帮厨，有时还会给一家人做早饭。从水槽的位置可以看到起居室、阳台和窗外的风景，充满令人舒适的开放感。

金先生在一年一度的家庭派对惊喜节目中请来了落语家表演落语。每逢家中有许多客人，夫人就会做一大桌母亲亲传的韩国菜。天气好的日子里，一家人会在露台上享用一日三餐。这天则围坐在亲手制作的蛋饼和色彩丰富的饭菜旁，一起说"我开动啦"。这就是亲近绿色与晴空的，一家四口的日常餐桌。

——请说一样对厨房的讲究。
做饭由夫人负责，饭后收拾由我负责，分工合作。

——厨房里最珍重的东西是什么？
磨刀器、公司同期的鹤田夫妇在我们结婚时送的寿司桶，还有藤木家送的漆盘。

——饮食生活中不可或缺的东西是什么？
跟家人的对话。

——喜欢什么食物？
烤牛肉、杂菜粉丝、北千住真庭商店的饺子皮和中式荞麦面。

——对烹饪产生兴趣的契机？
我向来喜欢很多人聚在一起，后来也就喜欢上了为许多人准备饭菜。

——做饭时最注重什么？
制作让参加聚会的人吃了高兴的饭菜。制造惊喜。

——请透露下餐饮方面经常参考的信息源。
cookpad。妻子到我母亲家时也会学两道菜。

——兴趣是什么？
看落语，看职业摔跤。

——请讲讲房间的主题和布置原则吧。
基本上都靠妻子的想象力和创造力。没什么原则。

——最喜欢家里什么地方？喜欢在那里做什么？
在起居室休息，要是能打个盹儿就最好了。

——请说说您最喜欢的家居品牌和店铺。
涩谷的memo。

——喜欢哪种着装风格？
我平时比较关注美国父亲们的假日时尚。

——请介绍一下打造自身风格时最喜欢的时装品牌。
BEAMS PLUS、POLO RALPH LAUREN。

——请说说今后想添置的物品。
偶尔也想穿一穿帅气的正装。

——如何培养品位？
经常接触有品位的人和有趣的人。

——加入BEAMS的契机是什么？
应届入职，被分配到后勤部。因为大学读了理科，我做梦都没想到自己能加入BEAMS，但是在第一次面试时见到各位面试官（长发、短裤、光头）的样子，我当时就想："就是这里了！"

1、5. 通往二楼的楼梯。曾经是设计师的夫人与爱好手工的女儿们的作品都被裱在画框里,挂满整面墙。把纸箱切成心形和圆形的可爱作品,是大女儿最新的力作。2. 房间各个角落都有让孩子开心的小心思。爷爷奶奶送给孙女们的秋千和绳梯是她们最爱的玩具。阳台外是该地区的保护树林,正好挡住了周围的公寓,使得这个家地处住宅区,却宛如置身丛林。3. 涂成紫罗兰色的儿童房。"知道第二个孩子是女孩后,我们就定下了这个颜色。"窗帘用的是古着店买到的军旗,充满玩心的设计格外引人注目。4. 夫人说:"我希望孩子从小就能品尝到正宗的韩国妈妈菜。"白菜与绿叶菜制成的泡菜是金先生专门从大阪父母家附近的泡菜店买回来的。餐具有的来自古董集市,有的是出国旅行时购得。"每次出去旅行,我们都会购买亲眼看到后喜欢上的东西。"

（上）儿童房里面的架子是金先生根据夫人的构想，绘图制成的原创制品。（下）起居室的沙发在涩谷memo购得，绿色的椅子是在PACIFIC FURNITURE SERVICE买到的旧军椅。油画是夫人根据季节亲手绘制而成。

厨房展示了一家人喜欢的东西,有餐具和孩子们的手工制品。在H.P.FRANCE买到的不锈钢餐具柜里摆放着WEDGWOOD路带装饰性的餐具,HEATH CERAMICS的橙色花瓶,以及颜色多彩的杯盘。

FOOD ITEMS OF MINE

1、2、4、7. 女儿们最爱的水壶。E.T.水壶在洛杉矶的好莱坞环球影城购得。卡通兔子造型的水壶是目前最爱用的物品。3. 橙色不锈钢水壶是BEAMS社内运动会团队优胜时得到的纪念品。5、12. 私下关系很不错的同事送的结婚礼物,分别是寿司桶和托盘。6. 女儿的午餐垫。8、9. 野餐必备的餐垫、L.L Bean的保冷袋、冷却剂和餐盒。休息日,一家人经常骑着自行车去上野公园野餐。10. 在椅子腿中间挂上篮子,就成了独一无二的冷却桶。家里来了很多客人时,会在里面装满水,把冰箱放不下的饮料或客人带来的饮料泡在里面冷却。11. 制作正宗大阪烧必不可少的赫尔墨斯炸猪排酱。

36
大川 雄太郎
BEAMS HOUSE 难波
30岁/大阪府大阪市

（上）制作肉酱咖喱的香料有孜然、小豆蔻等好几种。颗粒香料在回火时加入，粉末香料在炒制时加入。（下）日式咖喱拼盘，配料是用番茄的酸味提香的肉酱，以及用八角、丁香调味的香菇汤汁。

"人活着就得吃东西,既然要吃,就做好吃的。"这就是大川先生开始研究烹饪的契机。为此,他做一碗面都不忘了用木鱼干刨花烧汤。在家庭派对上招待朋友的肉酱咖喱,也从在油脂中融入香料这一步做起。在咖喱块中调入花椒和高汤,用印度巴斯玛蒂米制作风味极佳的米饭,菜品质量令人惊艳,很难想象他是自学成才。

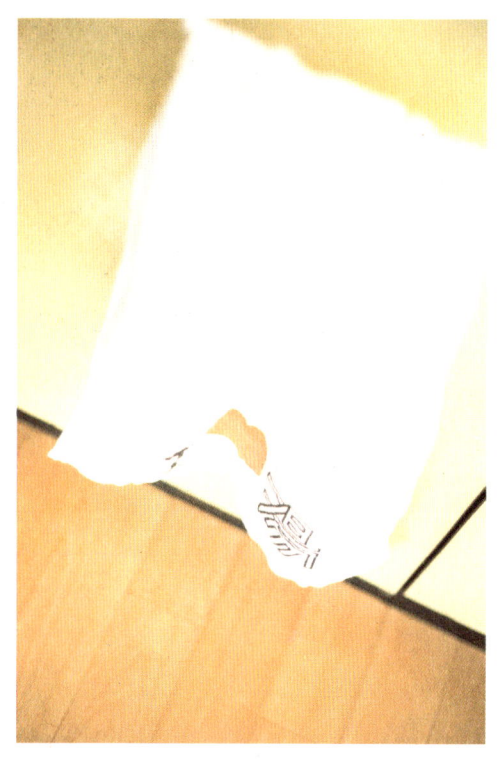

——请说一样对厨房的讲究。
有团地风情的轻松氛围。平成感。

——厨房里最珍重的东西是什么?
marimekko的马克杯。这是我大学时得到的东西,不知为什么就是很喜欢。无论喝茶、喝啤酒还是威士忌、烧酒饮料、咖啡,全都用它。喝下去的都是回忆。

——最想在厨房里添置什么东西?
过滤木鱼花的筛子。还想要个唐杜里烤盘。

——喜欢什么食物?
咖喱。既喜欢做也喜欢吃,所以我还去过印度。另外我很喜欢大阪北滨的丁子咖喱,每逢休息日就去吃。我还喜欢炸肉饼、汉堡包、蛋包饭和寿司。

——对烹饪产生兴趣的契机?
上大学时,我出来独居,平时无所事事。虽然人活着必须要吃,但只要花点心思,这就不再是一种义务,我特别喜欢这点。

——做饭时最注重什么?
步骤。

——兴趣是什么?
音乐(自己是Pictured Resort乐队成员)、看书、品酒。

——最喜欢家里什么地方?喜欢在那里做什么?
在单人沙发上蜷缩起来,尽情看书。

——为什么选择现在住的地方(地区)?
直到去年为止,我都住在附近的祖父家。父母家离这里只有10分钟步行路程,周围又有很多自己喜欢的店和熟悉的人。应该说,我实在找不到理由离开这片见证了我人生九成时光的土地。

——喜欢哪种着装风格?
稍微有点异样感,但是品位十足的风格。

——请介绍一下打造自身风格时最喜欢的时装品牌。
Maison Margiela。

——加入BEAMS的契机是什么?
我觉得他们真正在用心做一些生活中并非必需的东西,这样特别酷。

——在以往的工作中,最深刻的记忆是什么?
定制西装时出错了,被上司责备:"我们是卖衣服的,你要用衣服找回(客人的信任)来。"那句话一直留在我心里,已经成了工作的座右铭。

1. 六年前去了濑户内国际艺术节，发现直岛钱汤的毛巾"颜色特别多"，就买了三条同款不同色的回来。2. 起居室里装饰着Doing GOODS的卡通地垫。3. 听音乐喜欢用CD而不是黑胶。架子上层的黑胶全是自己的乐队Pictured Resort的作品。大川先生是现役鼓手。今年夏天在广州、深圳、香港三个中国城市搞了巡回演出。此外，大川先生还有看书这个爱好。夏目漱石把"I love you"译成"今夜月色真美"，大川先生的话，则会译成"我们一起去BOOKOFF吧"。CD架旁边堆满了文库本和漫画，最喜欢的小说是J.D.塞林格的《弗兰妮与祖伊》，漫画则是乔治朝仓的《平凡庞趣》。4. 上大学时去印度转了一圈，一日三餐饱食咖喱，丝毫不会厌倦。现在回想起来，自己就是那个时候爱上了咖喱。平时会用味蕾记住咖喱专门店的味道，回到家里再现，不过最喜欢的丁子咖喱"去了整整八年都想象不出他们究竟怎么做的（笑），我的目标就是有一天做出那个味道"。5. Epiphone的吉他用来为每年一度的弹唱做练习。顺带一提，大川先生觉得，做饭的步骤等于乐曲制作和彩排，翻炒等于现场表演，吃饭等于庆功。

（上）"这个高度正好（笑）。"所以用了Arco percussion的箱鼓当椅子。（下）大川先生无论公私都"不怎么穿西装"。衣架上挂着Veni Vedi Vici手工印花加工的Levi's®牛仔外套等，都是休闲服装。

（上）选择现在的住处是因为"傍晚总能闻到外面飘来一股味噌汤的香味，很有团地感觉。"（下）经常邀请朋友到家里来聚餐，每次都会提前一天准备好意面沙拉和阿查尔（辛辣泡菜）等下酒菜。

FOOD ITEMS OF MINE

1. 做辛辣咖喱必不可少的巴斯玛蒂米。2. 小豆蔻、孜然、红辣椒、姜黄等各式香料。3. 刨木鱼花的刨子。最近很喜欢保留了木鱼干风味的粗片。4、5、6、7、8、9. 窗边摆着兰斯顿·休斯（Langston Hughes）说过的话，Schleich的白熊和《小羊肖恩》周边，还有仓寿司的原创手办等。10. 做咖喱时放点GHEE（黄油），"热锅的香味很浓"。11. 在童年友人的婚礼上演讲，获赠了一台咖啡机。大川先生喜欢深度烘焙，豆子基本都用HAMA COFFEE家的。12. 做咖喱时会听吉米·亨德里克斯（Jimi Hendrix）的音乐。"吉他的音色会作用在香料上（笑）。"最经常循环的就是Axis: Bold As Love。13. marimekko的马克杯。14. 朋友在京都陶瓷集市买给大川先生的咖喱盘。

37

登岛 美希

BEAMS Planets 关西机场
32岁/大阪府泉佐野市

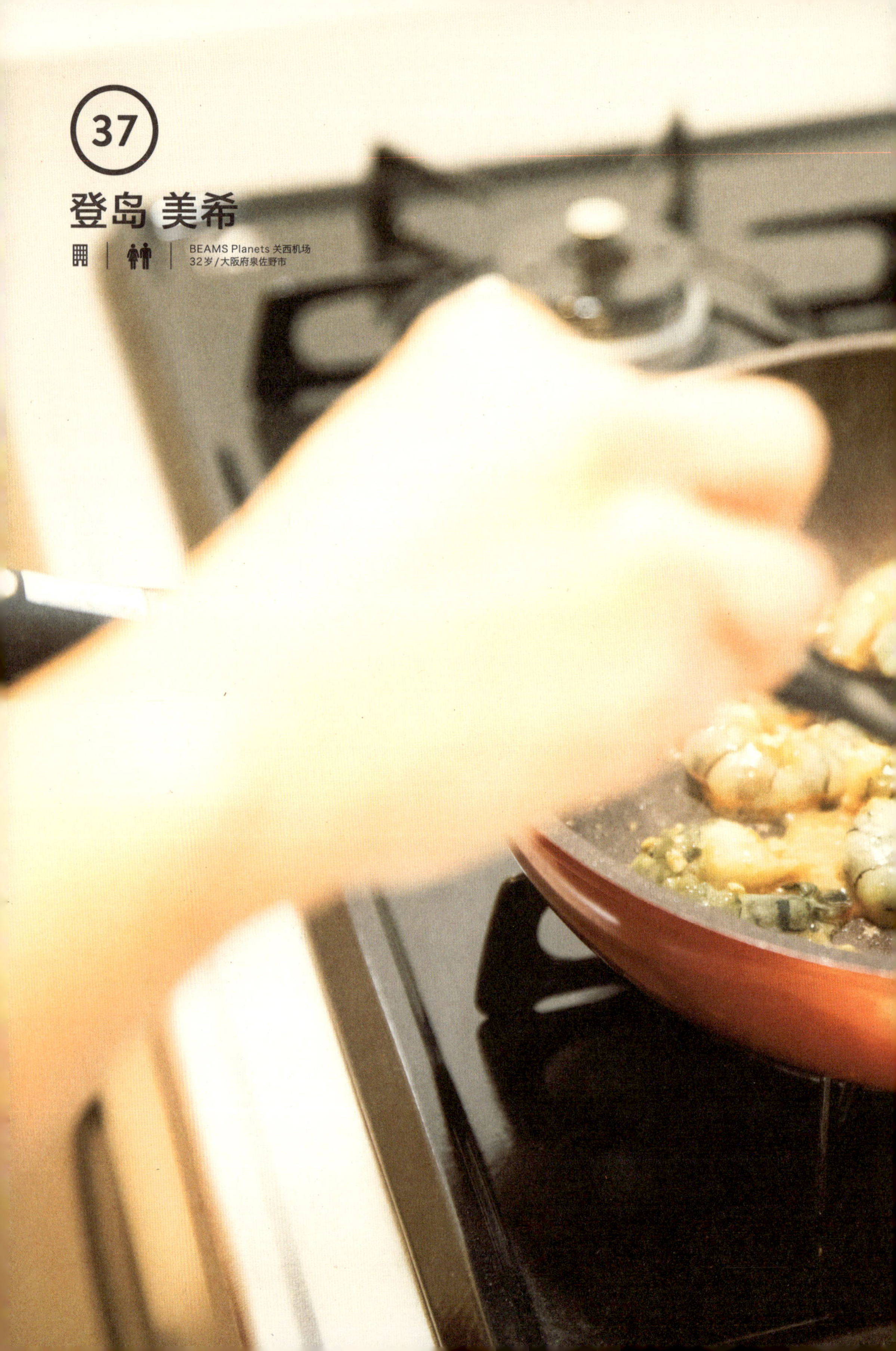

二年前新婚旅行时爱上了夏威夷。从那以后,登岛女士大概每八个月会去一次。家里被统一成了夏威夷风格,每天的菜肴中也能看见蒜蓉大虾和鱼片盖饭等当地菜肴。休息日在能看到大海的阳台摆上桌椅,与先生一起捧着盘子享用简单午餐。用一次性餐盒来盛放菜肴,也还原了夏威夷风情。

——请说一样对厨房的讲究。
统一为黑色和银色。尽量减少厨房的东西,维持干净清爽的状态。

——厨房里最珍重的东西是什么?
娘家拿来的锅。虽然很普通,但是从小到大都在用,很有纪念意义,现在也在用。

——饮食生活中不可或缺的东西是什么?
我们夫妻俩都有工作,下班时间不一样,但一定会一起吃饭。就算不是很复杂的饭菜,也比一个人吃美味百倍。

——喜欢什么食物?
夏威夷Boots & Kimo's家的果仁煎饼和PIONEER SALOON的蒜香鲷鱼排。

——对烹饪产生兴趣的契机?
我想让先生尝尝妈妈的味道,不过现在还不够成熟。

——做饭时最注重什么?
按照先生的口味烹调。

——兴趣是什么?
旅行。我喜欢靠海的地方。

——在家时最喜欢如何消磨时光?
做好喝的饮料,跟先生聊天。如果天气好,就在阳台摆上Coleman的椅子,悠闲地度过一天。

——为什么选择现在住的地方(地区)?
靠近我们俩都喜欢的大海和机场,还有采光特别好。

——喜欢哪种着装风格?
穿着宽松款式或男装单品,同时通过化妆和搭配首饰突出女性化的风格。

——每天搭配服饰时最爱用的单品是什么?
HEAVYWEIGHT COLLECTIONS的T恤。

——请说说今后想添置的物品。
栗山义胜的画,还想再多收集一些。

——如何培养品位?
观察和了解各种各样的人。

——加入BEAMS的契机是什么?
我喜欢时装,喜欢机场,喜欢英语,正好遇见了现在工作的店铺。

——在以往的工作中,最深刻的记忆是什么?
客人看到我在Instagram上的分享,专程来到店里咨询。其中还有许多远道而来的人,令我特别高兴,特别有成就感。

（上）全部重装过的空间宽敞明亮，墙面上装饰着栗山义胜的夏威夷风景画。（下）这天午餐的主角是蒜蓉大虾。听到先生称赞"就是这个味道"，登岛女士害羞地点了点头。

（上）满满一碗螺旋粉沙拉，用来配蒜蓉大虾。Lei milk的碗烘托出了南国气氛。（下）重新装修新居时，专门在门口留出了宽敞的换鞋间，这样就能放下两个人的鞋子了。

1. 登岛女士用来装化妆用品的bPr BEAMS网袋，此外还有CONVERSE ALL STAR和VANS的帆布鞋，屋里随处可见成对的物品。2. 搬到新家四个月，登岛女士说："我本来就是个爱待在家里的人，正在挑战能够在家享受到多少乐趣。"休息日通常会看令人怀念的老电视剧（比如20世纪90年代的《HOTEL》之类）。家中饭菜都由登岛女士负责。"先生比较喜欢重口味"，所以会按照他的喜好来烹调。由于夫妻二人都要工作，他们商定由先下班的人买晚饭食材。3. 目前去夏威夷旅行主要会寻觅当地美食。下次计划是明年5月去，但两人的行李箱和人字拖一直放在门口，随时都能出发。4. 不锈钢水壶也是"夏威夷当地人经常带在身上"的Hydro Flask。5. 茶叶店LUPICIA的夏威夷限定茶罐，是先生的亲戚送的礼物，里面有番石榴、椰子、菠萝香味的乌龙茶等。"我特别想喝，但是包装太可爱了，舍不得拆开（笑）。"于是成了室内软装。

（上）MONIN的糖浆，一共收集了百香果、椰子等十三种口味。经常用来制作无酒精鸡尾酒。（下）厨房统一为黑色和银色，为了尽量减少物品摆放，设计了很多收纳场所。餐具柜用一个按键就能操纵升降。

FOOD ITEMS OF MINE

1. 每次去夏威夷都会买上几个小麦色史努比的水杯。对喜欢史努比的登岛女士来说，moni.HONOLULU"就像天堂一样"。2. Lei milk的咖喱盘。3. 在夏威夷大学小卖部买的杯子。此外还有工装T恤、环保袋和圆珠笔等。4. RH California的盘子。5. 清洁厨房油污时最好用的The Magic Water。6. 烹饪的BGM是 *Aloha Café*。也很爱听J BOOG。7. 上小学时姐姐传下来的钱包，现在用来装伙食费。8. 自从丈夫同事传授了做法，就很爱使用的MONIN糖浆。9. 喜欢的店铺的官方周边，是旅行中忍不住购买的物品之一。图上这款是夏威夷当地人爱去的快餐店PIONEER SALOON的T恤。10. 人气松饼店Boots & Kimo's的背心。

38 近藤 洋司

BEAMS JAPAN买手/采购
36岁/神奈川县镰仓市

336

（左）近藤夫妇坚持早饭要吃好，都是米饭党。（右）带有传统日本风情的平房，北欧古典家具和工业风商用灯具，再融合世界各国的民艺品。家中还随处可见从事园艺工作的夫人的心思。

二年前，夫妻俩将一座镰仓高地上的旧民宅全面改装后搬了进来。能够欣赏到庭院的厨房与自然光十分般配。"工作日，我们俩能够坐在一起的只有早饭时间。不过早上比较忙乱，只能做些很简单的饭菜。"烤鱼、豆腐、明太子、拌青菜，近藤先生把这些小菜一点点盛放在花纹各异的小盘中。欣赏东西方之物交融的庭院，感受季节变化的早饭时间，是小而幸福的奢侈。

——请说一样对厨房的讲究。
我们专门到瓷砖厂商的展示厅去挑选国产瓷砖，做成了现在这个岛式厨房。另外还使用了造型好看的舶来品四眼灶台。

——厨房里最珍重的东西是什么？
从各地收集来的陶器。

——饮食生活中不可或缺的东西是什么？
让饭菜显得更美味的容器。

——喜欢什么食物？
比较喜欢有很多小盘菜品的午餐定食。

——对烹饪产生兴趣的契机？
因为喜欢钓鱼，就想学会自己处理钓上来的鱼。

——做饭时最注重什么？
短时间就能制作的简单饭菜。

——请透露餐饮方面经常参考的信息源。
一般会检索cookpad等网站，事先了解好烹调方法。

——兴趣是什么？
钓鱼。

——请透露一些正在收藏或忍不住会买的东西。
民艺品和日本各地的昭和时期纪念品。

——在家时最喜欢如何消磨时光？
眺望外面的镰仓阿尔卑斯山，欣赏家里陈列的古董。

——生活方式中最注重的主题是什么？
感兴趣的东西就收集起来，过与断舍离相反的生活。

——最喜欢家里什么地方？喜欢在那里做什么？
在视野开阔的餐厅优哉游哉地坐着休息。

——请说说您最喜欢的家居品牌和店铺。
聪介（镰仓店），古董家具店春（开成町店）。

——为什么选择现在住的地方（地区）？
我老家在神奈川乡下，从小就特别憧憬横滨和湘南这些地方。

——喜欢哪种着装风格？
比较喜欢美式休闲。

——常看的杂志、书或者网站等，有关室内装潢和服装时尚的信息源是什么？
Casa BRUTUS 杂志。

——请说说今后想添置的物品。
巴米累克人的高脚凳。

——加入BEAMS最大的收获是什么？
有许多精通各种事物、富有魅力的前辈和同事。

近藤先生喜欢鱼，兴趣是钓鱼。"这里离相模湾很近，可以随时出去海钓。我们还一起租过船去豆子的小坪和金泽八景。我也很喜欢亲手处理钓上来的鱼。"据说用Panasonic的无烟烤箱来烤鱼，几乎不会残留烟味。

(左)不锈钢案板与严选瓷砖组成的令人自豪的厨房。(右)平时常用日式器皿,主要是冲绳陶瓷、大分的小鹿田烧和枥木的益子烧。(右下)这个大小最能体现价值!最近刚刚在院子里添置的手工打造的土器桌椅。

（上）站在厨房可以欣赏梅树、枫树和夫人亲手种植的澳大利亚原生植物。（下）起居室摆满了近藤先生一点点收集的朝鲜李朝时代人偶、巴米累克人的蓝染布和非洲木制高脚凳等，来自世界各地的民艺品。

1. 玄关、厨房和起居室都能看到的装饰品叫"注连绳"。"正月装饰用的注连绳在每个地方的设计都不太一样,十分吸引人。每年一到12月,我就会去驹场东大前的红屋民艺店购买。" 2. 旅行时经常四处搜寻民艺品,最近造访千叶县房总半岛,就在那里发现了庆祝渔获丰收的手染"万祝"。这是千叶县认证的传统工艺品,以大胆的配色为特征。 3. 富有品位的黄土色瓷砖来自岛根县汤町窑。近藤家给它加上木框,放在玄关展示。 4. 各种各样的调味料都收纳在昭和时代的木箱里,表面干净清爽。不同材质的木砧板全部来自京都白木屋,分为切肉和切菜等不同用途。 5. 玄关旁边是充满玩心的近藤先生的专用空间。"放了很多自己喜欢的东西。"书架上摆着来自全国各地民艺店和古董市场的物品,仔细一看还有埴轮和桃太郎的诞生等奇妙的摆件。地上摆着大盘和宛如人类肋骨造型的壶,可以窥见近藤先生兴趣范围之广。屋顶有一块loft空间,被用作收纳场所。占地方的钓竿和户外用品都收纳在上面。

近藤先生的专用区域摆满了世界各地的民艺品和手工艺品,他还安装了不少收纳架,尽情展示自己喜欢的东西。电脑前那张美丽几何图案的椅子也很引人注目。那是将阿伊努民族的围裙(曼塔利)用作了椅子背套。

FOOD ITEMS OF MINE

1. 印度坎塔刺绣杯垫。"我被这种缝缝补补的文化所感动了。" 2. DIAMOND开瓶器与阿尔卑斯开罐器。"只有国产品牌才会具备这种让人印象深刻的美感。" 3. 北海道旅行时，因为其复古魅力而忍不住买下的牙签筒。4. 冲绳陶瓷酒杯。照屋佳信先生的作品。5. 小鹿田烧的筷架是可爱的鸽子造型。6. 这些酒壶都是小鹿田烧。左边是在东长崎买到的坂本茂木先生的作品，右边是在镰仓买到的柳濑朝夫先生的作品。7. 阿伊努族的木雕盘。8. 在冲绳奥原硝子制造所发现的产品。"玻璃制的搅拌棒很少见，所以我在工厂看到时，一下就喜欢上了。" 9. 院子里种着高大的梅树，每年5月都会用收获的梅子泡酒。"因为果子长得很高，采摘是一项需要拼上性命的重任（笑）。"小瓶是去年泡的梅酒，大瓶是今年的。

㊴ 醍醐 达也

OUTLET部门 分销员
28岁/埼玉县所泽市

（左）醍醐先生小时候学会的菜品之一，就是焖鸡。再用甜曲味噌做一锅味道清淡的茄子味噌汤，搭配苦瓜和沙拉。（右上）即使在繁忙的工作日，夫妻俩也会聚在一起吃晚饭。（右下）煎锅不放油，干煎鸡腿肉能使口感更爽脆。

夫妻俩重新装修了四十多年房龄的公寓。"我们挑选公寓的前提是允许养宠物，然后就根据面积和到车站的距离来选择。"他们将原本的三间房改成了一间房；选用光脚也能感到温暖的杉木地板。房间位于视野开阔的角落，远处还能看见富士山。

刚搬进来不久的新家随处可见醍醐夫妇重新装修时花的心思。格局、地板材料、墙壁颜色，无不考虑周全。爱犬小麦似乎也很喜欢这里。醍醐先生在家中五个孩子里排行老三，从小就经常在厨房打下手。由于夫妻俩工作日的下班时间都很晚，烹饪的原则是快手美味。焖鸡、苦瓜、茄子味噌汤。醍醐先生亲手制作的饭菜传承了让人感到安心的家庭味道。

——请说一样对厨房的讲究。
可以一眼看见起居室的吧台式厨房。

——厨房里最珍重的东西是什么？
会津本乡烧的餐具。

——饮食生活中不可或缺的东西是什么？
福岛的乡下味噌是必不可少的调味料。

——最想在厨房里添置什么东西？
最想添置冲绳陶瓷。

——喜欢什么食物？
巢鸭"今村"的鸡丝拉面，我们俩都很喜欢。

——对烹饪产生兴趣的契机？
因为我家有九口人，帮母亲做饭打下手就是契机。

——做饭时最注重什么？
考虑吃饭的人喜欢什么。

——请透露下餐饮方面经常参考的信息源。
母亲的菜谱。

——兴趣是什么？
网球、看电影电视剧。

——在家时最喜欢如何消磨时光？
跟小麦（爱犬）一起玩。

——生活方式中最注重的主题是什么？
重视自由的创意和当时的心情，按照自己的喜好表达。

——请讲讲房间的主题和布置原则吧。
工业风和户外风的混搭。

——最喜欢家里什么地方？喜欢在那里做什么？
我喜欢在阳台躺椅上休息。

——请说说您最喜欢的家居品牌和店铺。
PACIFIC FURNITURE SERVICE。

——每天搭配服饰时最爱用的单品是什么？
基本上每天都会戴帽子。

——加入BEAMS最大的收获是什么？
有很多同期的好同事，又多了很多充满个性和魅力的好伙伴。

1. 夫人最喜欢的起居室灯具，在FEDERICO II HOME购得。墙壁颜色也是装修时的讲究之一，一开始与想要的绿色不太一样，为此还请人重新粉刷了一遍。水泥原色的天花板和绿色墙壁，工业风和户外风的平衡恰到好处。2. 花纹细密、色彩鲜艳的摩洛哥手工毯。窗边采光良好，爱犬小麦也特别放松。3. 比室内地板稍低一些的水泥地阳台是夫人的主意。这里通风良好，夫妻俩都很喜欢在ACME的沙发和吊床上悠闲度日。"我在代官山的ieno textile试了试吊床，一直想在这座房子里添置一件。"小窗户另一面是自由空间，为了给以后家里的新成员做准备，专门空出了一块地方，弄成可以多加一个房间的设计。4. 盥洗室加了拉门，避免进入视野。5. 宽敞的起居空间配备了丰富的收纳空间，除了盥洗室隔壁的衣柜，还有衣帽间和起居室背后的储物空间。

(上)厨房按照设计师的建议,做成了可以看到起居室的吧台式厨房。每逢休息日,夫人就会做很多卤蛋和羊栖菜备用。(下)"卧室的大床占了很多空间,所以选用玻璃门营造开放感。"

（上）厨房背后的储藏间收纳了冲绳陶瓷等餐具，还有福岛的日本酒。"因为刚搬过来，考虑今后要在上面放什么成了最近的乐趣。"（下）卧室隔壁的砂浆墙玄关正好能放下一张单人床，需要时可以改造成房间。

FOOD ITEMS OF MINE

1. 湛蓝的器皿是夫人父亲赠送的会津本乡烧。2. 蓝色条纹器皿是THE HARVEST的原创餐盘。3、4. 自然风情的ANFORA碗盘。5、6. 冲绳陶瓷的酒杯和茶杯，最喜欢它们经典的圆点图案和扎实的厚度。7. 柳宗理的烹调用具是BEAMS的前辈赠送的结婚礼物。8. DURALEX的橙色玻璃杯。9. 冲绳陶瓷花瓶。10. 会津的甜曲味噌。"用来做味噌汤可以闻到曲的清香。"11、12、13. 夫人父亲赠送的美味福岛日本酒。左起分别是大米烧酒Nekka、浊酒国权、纯米吟酿十口万。14. 电视剧《逃避虽可耻但有用》中出现过的DRESSSEN围裙，特意选用了儿童尺寸，因为长度较短，紧凑而便于行动。胸前的口袋还可以挂手巾，特别方便。

40

佐竹 彩

PR战略部 媒体运营
29岁/神奈川县横滨市

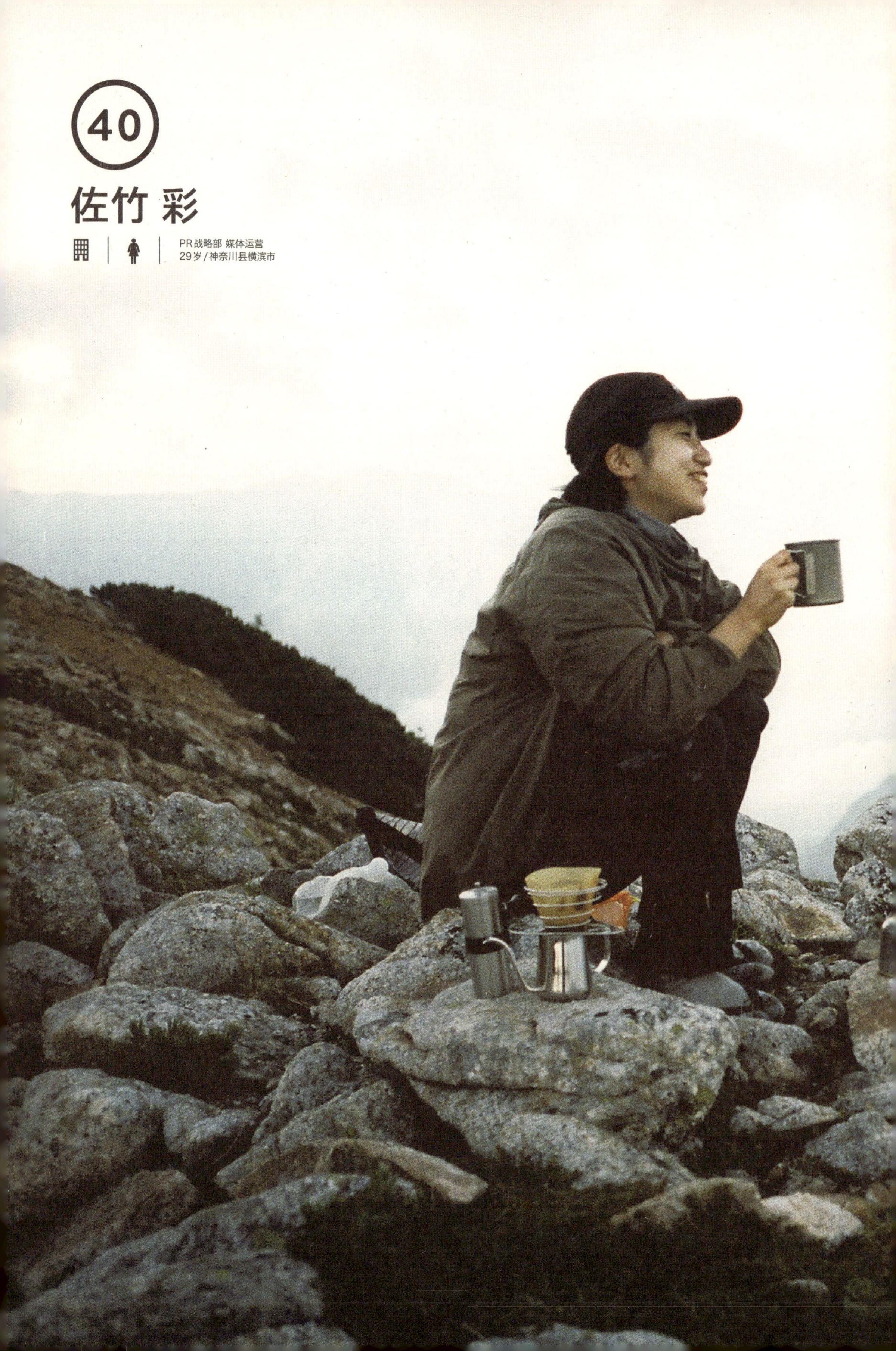

357

（左）站在大天井岳靠近山顶的地方，远眺北阿尔卑斯山的雄壮轮廓。（右）在海拔2900米的大天井岳山顶来杯咖啡休息休息。用登山炉煮沸饮用水，现场拿磨好的豆子用心滴滤。加了很多果干的磅蛋糕是大天庄的手工制品。

受付 売店

（上）在云平山庄用早餐。放在食品保存袋里带来的水果麦片加脱脂奶粉煮沸，做成热麦片粥。
（下）右侧是云平山庄正对的黑部五郎岳山间休息站。夕阳普照的大平原宛如电影里的世界。

在朋友的邀请下，这几年已经彻底迷上了登山。现在，对着地图畅想下一次休息要去哪里登山，已经成了佐竹生活的一部分。"努力爬到山顶后的景色和在山上吃的饭，都是最棒的。"山顶的饭菜和新鲜烹煮的咖啡虽然简单，但都别具一格。每次走进不同的休息站，那里的饭菜也是最令她期待的发现之一。希望下次能到国外的山上去挑战几天。

——请说一样对厨房的讲究。
在山上使用的话，方便和轻量是最重要的，所以用具会以此为基准。另外一个重点就是能否一直使用。

——厨房里最珍重的东西是什么？
最近买的咖啡研磨器。在山上来一杯新鲜研磨的咖啡，味道特别棒。

——饮食生活中不可或缺的东西是什么？
可以用水煮开的干燥食物（干面、方便米饭、意面等），这些在山上特别重要。

——喜欢什么食物？
我经常带稻叶食品的鲷鱼罐头，但是罐头本身会成为垃圾（得背一路），所以要看登山的难度如何。要是能在拉面里打个鸡蛋，味道就能升级不少，所以也经常小心翼翼地带一些去登山。还有就是每个山顶休息站的饭菜都个性十足，也是登山的乐趣之一。住帐篷的时候，为了节省行李，我们经常会在休息站吃饭。

——做饭时最注重什么？
最重要的是保证摄入足够完成登山的卡路里，如果是两天一夜的登山，还会注意丰富性，以免厌倦。

——请透露下餐饮方面经常参考的信息源。
在Instagram上查看山友做的登山饭，另外还买了登山饭的书。漫画《山与食欲与我》里的菜我现在还没学会，但是特别想做！

——兴趣是什么？
登山，穿和服。上大学时去屋久岛迷上了登山。当时被广阔的大自然所震撼，一直都很想去别的山上看看，但是没什么机会……中间隔了一段时间，这两年则彻底沉迷其中了。

——请透露一些正在收藏或忍不住会买的东西。
旧和服和浴衣、漫画和动画版《城市猎人》的周边。

——在家时最喜欢如何消磨时光？
看Amazon Prime提供的视频，盯着登山地图计划下一次登山。

——喜欢哪种着装风格？
不会过甜的风格。穿起来舒服。

——加入BEAMS的契机是什么？
上学时就很喜欢BEAMS，只参加了BEAMS一家的入社考试。

——在以往的工作中，最深刻的记忆是什么？
入职两个月，突然被叫去斯里兰卡出差，担任摄影助手。当时虽然很兴奋，但也十分不安。没想到公司竟会如此信任我这个刚进来的新人，真是太感动了。

1. 前往北阿尔卑斯山最深处——云平的三天两夜登山之旅。从折立登山口前往山顶途中，在太郎平小屋歇脚，跟朋友吃了咖喱和拉面的中午饭。这里的尼泊尔咖喱香料味道浓郁，特别受欢迎。"登山真的会特别饿，为了防止低血糖，要经常补充卡路里。" 2. 从大天井岳山顶看到的朝霞。这次去的是常念岳—大天井岳—燕岳三连峰的两天一夜人气登山路线。3. 在云平山庄吃晚饭。添加了酒糟的汤、大块的鲑鱼和食材丰富的石狩锅是这里的名菜，晚饭时分，食堂里挤满了登山客。萝卜干豆子沙拉配米饭，可以各自选取喜欢的量。4. 抵达海拔2900米的大天井岳山顶的大天庄，在这里享受期待已久的啤酒时间。"真是无上的幸福。" 5. 在云平山庄迎来清晨。坐在温暖而明亮的木质空间内，倾听唱机里的音乐，来一杯清晨咖啡。"每个山间休息站都有各自的特色，我最喜欢的就是云平山庄。"

（上）美得令人窒息的大天井岳山顶朝霞。趁日出前早起，静静看着太阳一点点升起。（下）云平山庄位于海拔约2600米的位置，夏季气温平均5—10摄氏度，十分宜人。冬天积雪很厚，登山季只有夏季到秋季。

（上）从云平出发，纵走途中，在三俣山庄搭帐篷住宿。走进充满怀旧氛围的"展望食堂"，煮一杯咖啡休息片刻。天气好的日子，在这里可以远望枪·穗高连峰的绝景。
（下）终于快到山顶！前方就是今天准备住宿的露营场，后面是大天庄。"好想快点喝到啤酒！"

FOOD ITEMS OF MINE

1. 每次登山必备的餐具。"它不像塑料餐具那样会发出声音，而且我喜欢木头的温暖感觉。" 2. 早饭必备水果麦片，跟脱脂奶粉一起装在食品保存袋里带上山。 3. 开始登山后一直很爱用的SOTO登山炉。每次都跟便携炊具一起带上路。 4、5、6. 爱用的咖啡壶和朋友亲自烘焙的咖啡豆，以及CAPTAIN STAG户外专用咖啡研磨器。"如果住帐篷，睡袋等行李就会特别多，所以要注意保持行李轻便和紧凑。" 7. 用起来很方便的BIG SKY保冷袋。可以用来装冰咖啡，或是装方便米饭用开水泡。 8. 方便制作的面食和罐头食品是登山饭的主角。图上是只需用热水就能泡开的意面。 9. platypus的轻量水瓶可以揉成一小团，方便携带。

41

小田部 裕

BEAMS 惠比寿 店长
37岁 / 东京都世田谷区

367

为了打造能够专注倾听的空间，小田部先生以白色为基底，将房间统一为木调，几乎不放东西。"基本上只放能发出声音的东西。因为平时处在放了很多东西的工作环境中，在家里就会尽量少摆放物品。"每天的乐趣就是跟通过音乐和时尚结识的朋友们一起，在城市里寻找美食，共饮美酒。与他的ON/OFF生活节奏同调的房间，就在眼前。

——请说一样对厨房的讲究。
我喜欢统一使用户外用品。

——厨房里最珍重的东西是什么？
mont-bell的杯子。

——饮食生活中不可或缺的东西是什么？
能下酒的。

——最想在厨房里添置什么东西？
OAK BOTTLE。是一种让酒熟成的瓶子。

——喜欢什么食物？
开在大井町的"肉前川"的牛肉冷盘。性价比很高，而且很好吃。

——对烹饪产生兴趣的契机？
发现美味的下酒菜跟啤酒很搭配的时候。

——请透露下餐饮方面经常参考的信息源。
时装同行口口相传的信息。

——兴趣是什么？
收集唱片、DJ、自行车。

——请透露一些正在收藏或忍不住会买的东西。
唱片、徽章、冰箱贴。

——在家时最喜欢如何消磨时光？
听音乐或是广播。我喜欢有声音的空间。

——请讲讲房间的主题和布置原则吧。
尽量简化，然后做一些DIY。

——最喜欢家里什么地方？喜欢在那里做什么？
坐在唱机前，一边听中古唱片，一边品咖啡或酒。

——请说说您最喜欢的家居品牌和店铺。
PACIFIC FURNITURE SERVICE。

——为什么选择现在住的地方（地区）？
因为有很多合得来的好朋友住在这里。

——如何排解压力？
跟朋友一起逛酒馆。到各种地方去，每次都会有新发现和新邂逅，特别开心。

——喜欢哪种着装风格？
我喜欢带一点美式风格的着装。

——每天搭配服饰时最爱用的单品是什么？
Dickies的下装。

——常看的杂志、书或者网站等，有关室内装潢和服装时尚的信息源是什么？
EYESCREAM，玉木朗的"超B级档案"专栏。

平时总会在日式房间的大椅子上听音乐，这天还拿了从附近有名的滨田屋面包店买的面包，搭配在山形县展销店买的厚切火腿，做成一盘轻食。盘子和餐具都是户外用品，这样出去野餐也能用，可谓一石二鸟。

（上）几乎没有放东西的清爽榻榻米空间。"要是外国人住在传统日式房间……"小田部先生以此为主题，对本就简单的室内装潢进行了小小的改造。（下）每个房间都有不同类型的音乐和音乐播放装置，用声音来划分空间是很重要的讲究。

1. 用来装美国产螺丝和零碎部件的透明圆筒瓶，还用来收纳自己收集的各种徽章。也经常把徽章别在T恤或室内软装上。2. 鞋柜是将可折叠的储物箱侧放，层叠使用可以增加玄关的收纳空间。"稍微动点心思，想想不一样的使用方法，那么即使花很少的钱，也能拥有自己的特色。"3. 平时经常跟朋友外出野餐的小田部先生最喜欢的就是吸引眼球的SALLIES街头风野餐垫。格子纹和豹纹齐备，让人心情倍加爽快。4. 为了跟意气相投的服装同行和音乐爱好者喝酒聚餐，工作结束后经常出门，不过家里冰箱中一直备着美酒。5. MoriMori的LED灯音箱用作室内装潢也可谓满分，而且支持蓝牙播放，可以调光，特别好用。因为是令人心情平静的橙色灯光，还能用作床头灯。小田部先生隔天就要更换一顶帽子，只要发现喜欢的古着帽，就会马上买下来，他从来没数过家里具体有多少帽子。

休息日，用窗边的DJ设备播放音乐，细细品味啤酒，就是小田部先生无上的幸福。附近的朋友也经常造访这个音乐不停歇的房间。小田部先生喜欢上音乐的契机，是邂逅了The Salsoul Orchestra的热烈迪斯科舞曲。

FOOD ITEMS OF MINE

1. 真空隔热杯是STANLEY的产品，强度和性能极佳，连美军都在使用。2. 野餐时把冰镇好的酒放在mont-bell的保冷袋里，带上折叠椅就能出门。3. 同样是mont-bell的不锈钢杯，双层结构，有效保温，目前很爱用。4. VICTORINOX的小刀。5. 在附近的山形县展销店发现的薯片，用来配啤酒刚刚好。6. 坚持认为寒冷地区生产的肉质地更紧实好吃，所以鸡肉条都选山形县的产品。7. MSR ALPINE DX的砧板，可以对折使用，因此很喜爱。8. 这些漂亮的野餐垫都是日本SALLIES的产品。9. 一滑就开瓶，大家来干杯！美国杂货品牌KIKKERLAND的开瓶器，还能玩手指滑板。

MY FAVORITE RECIPE #5

大洼 奈美 开发事业本部/38岁/栃木县宇都宫市

MENU
烤奶酪蛋糕

大洼家原创的烤奶酪蛋糕,也是经营咖啡店的双亲在店里提供的餐点。制作馅料的诀窍在于少量多次加入全蛋以防止散馅。带有柠檬酸爽味道的手工甜品最适合用来招待客人。

TIME
烹调时间:60分钟

INGREDIENT
材料
(19厘米底部分离式馅饼模)

<蛋糕部分>
黄油:55克
白砂糖:28克
蛋黄:1/3个(中等大小)
蛋糕粉:75克

<馅料部分>
奶油奶酪:170克
白砂糖:55克
全蛋:1.5个(中等大小)
蛋糕粉:2小茶匙
生奶油:70毫升
柠檬:1/3个
白兰地:2小茶匙

<装饰用>
杏子酱:适量

RECIPE
制作方法

❶ 黄油、奶油奶酪解冻到室温。事先筛好蛋糕部分的蛋糕粉。柠檬榨汁。

❷ 制作蛋糕部分。用打蛋器将黄油打至顺滑,加入白砂糖拌匀,再加入蛋黄拌匀。将筛好的蛋糕粉全部加入,用刮刀翻搅均匀,包上保鲜膜放进冰箱冷藏库,静置30分钟以上。

❸ 制作馅料部分。用打蛋器将奶油奶酪打至顺滑,加入白砂糖,少量多次加入全蛋,彻底搅拌均匀。按顺序加入蛋糕粉、生奶油、柠檬汁、白兰地,同时不断搅拌,直至均匀。

❹ 烤箱预热至160摄氏度。将❷填充进事先抹好黄油的模具中,底部用叉子扎洞,然后倒入❸,放进烤箱烤制40分钟左右。

❺ 烤好蛋糕,待冷却后脱模,表面涂抹杏子酱装饰,放进冷藏库冷藏后即可享用。

*介绍该菜谱的大洼女士见于本书P012—019。

（上）松井先生表示："开饭时如果厨房不干净，就会一直惦记。"所以他会主动过去帮夫人清理。（下）冷素面的配料有番茄、茄子、秋葵等夏季蔬菜，再加上紫苏、生姜等调味品，共计十二种！

年前盖新家时最讲究的就是厨房大小。因为宽敞的空间可以容成年人自由穿梭其中，夫人做饭、松井先生收拾的分工合作也非常顺畅。把饭菜盛放在旅行时发现的餐具中，两人自然展开了热络的对话。最近松井先生也爱上了烹饪，开始给自己做便当，配菜有炒蛋、竹轮、黄瓜等。虽然简单，但他能产生如此兴趣或许也归功于这间舒适的厨房。

——请说一样对厨房的讲究。
为了能自由聊天，我们做了吧台式厨房，像酒馆一样。

——厨房里最珍重的东西是什么？
植物。

——饮食生活中不可或缺的东西是什么？
酒。

——最想在厨房里添置什么东西？
旅馆里常见的单人小火锅。

——喜欢什么食物？
拉面、饺子、炒饭。

——对烹饪产生兴趣的契机？
每天做便当。

——做饭时最注重什么？
边做边收拾！

——兴趣是什么？
寻找特别有味道的酒馆和饭馆。

——在家时最喜欢如何消磨时光？
一边听唱片，一边坐在沙发上享受晚酌。

——生活方式中最注重的主题是什么？
任何事都乐观应对。

——请说说您最喜欢的家居品牌和店铺
itou、VOU、PARABOLA、Brown。

——如何排解压力？
去陌生的地方。

——喜欢哪种着装风格？
方便行动，耐脏的工装风格。

——请介绍一下打造自身风格时最喜欢的时装品牌。
orSlow。

——如何培养品位？
去有很多人聚集的地方，跟很多人结识。

——加入BEAMS的契机是什么？
以前，京都的BEAMS开在新风馆，我很喜欢那个空间。

——加入BEAMS最大的收获是什么？
朋友变多了。

——在以往的工作中，最深刻的记忆是什么？
在*BEAMS AT HOME*中展示了以前租住的房子，又在*BEAMS ON LIFE*中介绍了新盖的房子。

1. 起居室角落整整齐齐摆放着松井先生收集的唱片和CD。对松井先生来说，一边听唱片一边享受晚酌，是最大的幸福。平时他最常喝苏打水兑烧酒，但是听汤姆·威兹（Tom Waits）的*Swordfishtrombones*时，一定要搭配"响17年"威士忌和冰块。这种配合曲目选择饮品的行为，正是松井先生目前的讲究。2. 就像起居室要放满孩子的玩具一样，厨房周围"时刻保持清洁"也是松井家的规矩。做美容师的夫人下班回家后马上就开始准备晚饭，所以松井先生会主动负责其他家务。3. 夫妻俩都很喜欢器皿，甚至夸张到"要是再收集就放不下了，现在只能忍着"的程度。家中器皿大多是在旅行途中或在朋友店里遇到的，有冲绳陶瓷、波佐见烧、钵场瓷等。4. 把最喜欢迪士尼动画片的女儿邀请到天台，她就兴奋成这个样子。听说夫妻俩还会请朋友到天台去搞家庭派对。5. 采光良好的厨房和餐厅里随处可见夫人挑选的植物。这些基本上都在京都的Le Lundi购得，夫人还说："我选的都是可以做成干花的品种。"

（上）房子离山很近，从天台看过去风景极佳。木质地板为松井先生亲手打造。今年夏天打算摆上炭炉和燃气炉，搞一场天台酒会。（下）使用了砂浆涂料的吧台"是为了模仿酒馆风格"。为了聊天时更轻松随意，今后准备添置几个高脚凳。

因为松井先生平时下班很晚,休息日的午餐就成了一家团聚的宝贵时间。照片上的麻婆茄子可以放心给女儿吃,同时也是松井先生绝佳的下酒菜。这天除了配有多种夏季蔬菜的冷素面和麻婆茄子,餐桌上还出现了煮羊栖菜和沙拉。

FOOD ITEMS OF MINE

1. 旅途中总是忍不住买下的冰箱贴和开瓶器。知道松井先生这个收藏爱好的朋友也会送他类似的礼物。2. 去长崎旅行时发现的波佐见烧器皿。3. 冲绳瓷的面碗。4. GLOBAL菜刀"用来切番茄这种汁水很多的食物很方便。因为刀柄是不锈钢的,也很好清洗。"5. 越南的钵场瓷器皿,是在产地买回来的。河粉碗做成了可以把筷子插进去的形式。6. 忍者神龟造型的三明治盒,在美国旧金山的超市购得。夫人目前把它当成了便当盒。7. 每次从东京坐新干线回来,都要在崎阳轩吃烧卖便当。这些附赠的酱油瓶就是证据。现在用它们来当筷架。8. "饺子王将"创业五十周年的纪念品。除了饺子碟和酿酱碟,还有钥匙扣等各类纪念品。"我们当时攒了好多印章(笑)。"

43 深谷 翔二

BEAMS HOUSE 六本木
34岁/东京都杉井区

坐落窗边的厨房传来煎蛋的滋滋声。添加两种菌菇和培根、奶酪的蛋包饭,以及口感松脆、宛如格雷派饼的土豆煎饼,各种美味陆续出炉,让正在长身体的儿子也格外高兴。再加上一道意式杂菜汤,所有菜品就完成了。

387

深谷家的两个男人坐在餐桌旁,看着夫人在新装修好的吧台式厨房另一端准备早餐。能够一边跟家人聊天一边做饭,是吧台式厨房最大的优点。聪明调皮的儿子不时说出些令人会心一笑的话,整个家里充满了温馨的气息。

早餐是深谷家团聚在餐桌旁的重要仪式。旅行时在酒店里品尝到的早餐，最喜欢的鸡蛋菜品和奶酪、熟悉的咖啡香味，每一样都是食物编织而成的重要日常。品位优雅而自然，这个装满了深谷夫妇所爱之物的家，沐浴在柔和的晨光中。河对面的高尔夫练习场传来清脆的击球声，一家人共度的时间就像川流一般安宁。

——请说一样对厨房的讲究。
选择实用性高的器具来配合全不锈钢厨房的质感。厨房底下安装洗衣机。

——厨房里最珍重的东西是什么？
咖啡机。这是我25岁生日时妻子送的礼物，从那时起几乎每天都在用。

——饮食生活中不可或缺的东西是什么？
一家人团聚，亲情。

——喜欢什么食物？
妻子做的牛肉盖饭、辣豆酱、照烧鲫鱼、奶油炖菜等。

——对烹饪产生兴趣的契机？
我还在过独居生活，不怎么好好吃饭的时候，现在的妻子给我做了各种好吃的饭菜。

——兴趣是什么？
胶片相机、棒球。

——在家时最喜欢如何消磨时光？
跟家人吃饭，跟家人泡澡，躺在大床上睡觉。

——生活方式中最注重的主题是什么？
保持自然，保持简单。

——请说说您最喜欢的家居品牌和店铺。
THE CONRAN SHOP、荻洼的Ye-Ye、fennica。

——为什么选择现在住的地方(地区)？
因为这里是我与妻子结识、同居的地方。

——如何排解压力？
摄影、棒球、睡觉、吃饭。

——喜欢哪种着装风格？
无论是休闲服还是礼服，都要既有普遍性又有时代性。Basic & Exciting。

——每天搭配服饰时最爱用的单品是什么？
J&M DAVIDSON的网眼皮带（褐色·黑色）、ROLEX的Precision、OMEGA的Seamaster。

——请介绍一下打造自身风格时最喜欢的时装品牌。
Drake's、BREUER、Orville Tsinnie、BEAMS F、BEAMS PLUS。

——常看的杂志、书或者网站等，有关室内装潢和服装时尚的信息源是什么？
&Premium、Pen等杂志。

——请说说今后想添置的物品。
Leica M4、Nikon SP杂志。

——如何培养品位？
看、接触、尝试、使用。

1.在全美首屈一指的现代艺术展示空间——得克萨斯州马尔法工作生活的艺术家、深谷先生的朋友劳伦送给夫妻俩的插画及各种藏品。据说,劳伦先生是"很有幽默感的人,在礼物外包装上也画了插画"。2.忍不住收藏的胶片相机。最近爱用的是半幅相机OLYMPUS PEN-D,可以通过曝光表上的数字设定快门速度,也就是所谓的手动相机。虽然目测对焦很难,但是能拍出好照片。3. Cuisinart烘烤箱有着简约的不锈钢外形,而且功能齐全,放在色调冷淡的厨房里刚刚好。4. 日常用的蔗糖和盐等调味料只要放进罐子里,就能长时间保持风味。5. 玻璃墙隔挡的浴室是整座房子里深谷先生最喜欢的地方。特别是早晨和白天,室内会投下细腻柔和的阳光,让人感觉特别舒服。薄荷绿的瓷砖与起居室的窗帘颜色相同,保持了房间的整体感。

其实，深谷先生的家在BEAMS AT HOME 3中也出现过。后来做的最大变动就是在电视墙周围加装了一圈架子。"用的是建筑设计事务所设计的Margherita收纳架现成品，但是跟房间很搭，又能增加收纳空间，特别满意。"

（上）倍加爱惜的Cuisinart咖啡机是深谷先生25岁生日时，夫人送给他的礼物，后来几乎每天都用，支撑着他们每天早晨的咖啡时间。
（下）最近特别痴迷吉卜力作品的儿子。据说他还学会了唱Country Road。

FOOD ITEMS OF MINE

1. 在汇集了日本各地优秀手工艺品的镰仓"舫"工艺店买到的水罐,放在家里当烹饪器具收纳罐。2. 可以用作保鲜、微波炉加热容器的HARIO保鲜盒。3. 艺术家朋友劳伦先生赠送的墨西哥伴手礼。4. GLOBAL的菜刀每月都用1792年创业的日本桥木屋老铺的磨刀石保养一次。5. LE CREUSET最适合用来做辣豆酱、煮南瓜等菜品。6. 在Rose Bakery购买的美浓烧马克杯。7. DANSK的单手锅色彩鲜艳,而且配备可以用作锅垫的盖子,极具特色。平时用它来做味噌汤。8. 正在熟成的吉村味噌糀店的手工味噌。这是跟孩子去上体验课时制作的。9. Russel Hobbs的咖啡壶。10. 用蔗糖和醋腌制的原创梅子糖浆。

㊹ 土井地 博

传播总监
42岁 / 东京都目黑区

（左）经营包具品牌的夫人细心冲泡的香浓红茶。（右）用时尚灰色统一的玄关空间。设计时特意拓宽了脱鞋区，而且楼上的光照也能覆盖到这里，形成了一片明亮而让人放松、散发着回家喜悦的空间。另外还不能少了应季的鲜花。

土井地家虽然位于城市中心，但周围非常安静。二楼的起居和用餐空间有高挑的天花板，两侧各有一个露台。土井地先生说："我本人不擅长烹饪……"但是每天早晨的咖啡和休闲时刻的红茶都很讲究。沐浴在大窗户洒下的阳光中，悠闲度过一段时间，这是他的日课。开放的空间中有新鲜薄荷的清香，还有茶叶的馥郁，弥漫着丰富的味道。

——请说一样对厨房的讲究。
我从来不做饭，都是妻子在负责，不过我对厨房的讲究就是让它不仅仅是个烹调的空间，还能给小孩子写作业，或是与朋友聚餐品酒，所以把厨房岛的尺寸加大了。另外，炉灶和水槽区域不设落差，使厨房里的人能够与对面落座的人视线齐平。

——饮食生活中不可或缺的东西是什么？
各种能够让饮食生活更快乐、更美丽、更美味的食材和器具。

——喜欢什么食物？
我这人比较贪吃，实在选不出来，不过在家里跟家人朋友一起吃的饭是最棒的。

——请透露一些正在收藏或忍不住会买的东西。
苹果摆件。

——生活方式中最注重的主题是什么？
家是最好的，但是我喜欢车，所以也喜欢开车到郊外或外地出游。

——请讲讲房间的主题和布置原则吧。
色彩和材质方面，跟家人商量着决定。

——请说说您最喜欢的家居品牌和店铺。
有很多喜欢的店铺。而且我很喜欢且擅长在外国跳蚤市场这些地方淘宝。

——如何排解压力？
健身、驾车。

——喜欢哪种着装风格？
属于基础款但又有独特故事的风格。

——请介绍一下打造自身风格时最喜欢的时装品牌。
BEAMS经销的各种吸引人的品牌。

——常看的杂志、书或者网站等，有关室内装潢和服装时尚的信息源是什么？
uncrate网站。

——请说说今后想添置的物品。
有很多啊，我想要很多钟表。

——如何培养品位？
吸纳之后马上输出。

——加入BEAMS的契机是什么？
一个是时机，一个是想当我找到自己时，能够表达出那种"自我性"。这么一想就过去了二十年。

——加入BEAMS最大的收获是什么？
接触到的所有人，还有得到的所有经验。

起居、用餐空间有1.5层高的天花板。宽敞得能够对坐用餐的厨房岛是这块空间的主角之一。因为厨房一侧位置较低，正好能跟对面落座的人对上目光。地板选用重现了天然石材质感的石纹地砖，现代感的空间与温润的北欧家居混搭，可谓绝妙。

用来冲红茶的茶具是玻璃球体与竹材巧妙搭配而成的YAECA玻璃茶壶。容量够大，而且使用了耐热玻璃，可以直接放在火上加热。茶壶是东京墨田区的理化学·医疗用玻璃工房制作的产品，茶叶为MARIAGE FRÈRES的限量品。

1. 土井地家双胞胎女儿的照片，拍摄者是摄影师本间隆，放在相框里装点走廊。两个女儿的房间在三楼，二人各自用她们最喜欢的粉蓝色和绿色粉刷了墙面。因为一、二楼以灰色为基调，只有这层楼，包括夫妻俩的卧室和洗手间在内用上了各种色彩，营造出温馨的气氛。
2. 玄关柜上摆着古董花瓶、工具、艺术类书籍等精挑细选的物品。
3. 起居室层高约有普通层高的1.5倍，最引人注目的是摩登的装饰梁。Louis Poulsen的吊灯搬到这里之前就一直在使用的。靠近天花板的高窗给室内带来了柔和的光线。4. 阿尔瓦·阿尔托设计的古董大衣架。打算以后把它传给孩子们，不过现在放在走廊，用来挂帽子。5. 既是房屋主动线，又是展示空间的不锈钢×木质楼梯有一定的通透度，给周围的空间带来了适度的节奏感。二楼的拐角放置了1960年设计的DANSK冰桶和古董海报，用于点缀空间。

（上）用来放置永井博北极熊画作的家具，是北欧古董裁缝用具柜。现在用来放零碎小物。摆在地板上的是克洛德·勒卢什（Claude Lelouch）成名作《男欢女爱》（*Un homme et une femme*）的海报，体现了土井地先生的喜好。（下）散发独特气息的箱子是印度古董。

FOOD ITEMS OF MINE

1. 在波兰STUMPTOWN COFFEE ROASTERS购得的手摇咖啡研磨器。2. 在波兰出差时发现的咖啡勺。3. Apple的保温瓶是每天出门必备的东西。4. 冲泡日本茶使用的南部铁茶器。5. 柳宗理设计的出西窑茶壶与茶杯。6. 大约二十年前在芬兰买到的Kaj Franck水壶，是早期原版。7. 开花堂的铜茶罐，还有很爱喝的台湾京盛宇茶。8. MARIAGE FRÈRES是休闲时刻必不可少的东西。9. 每天早晨按照心情选择咖啡，有目黑ONIBUS COFFEE和冈山Akatsuki Café & Something的豆子。10. 日本印度奶茶文化发祥地——大阪CANTE GRANDE的茶叶。11. DUNKIN' DONUTS法国香草咖啡与京都INODA COFFEE的豆子。

45

马场 万里哉

BEAMS OUTLET 神户三田
55岁 / 兵库县三田市

建房子时，马场先生最重视的是天空和绿色植被等窗外的"景色"。在餐饮方面，他也很注重能让一家人共享的"景色"。做什么饭菜，用什么餐具，如何搭配空间内的家具和器皿。经久不衰的东西总有它的道理，长时间的使用能够让使用者和制作者心灵相通。哪怕是日常的餐饮，也能感受到这种欢愉。

——请说一样对厨房的讲究。
另设一个储藏室，让厨房保持清爽明亮。

——厨房里最珍重的东西是什么？
海鸥牌净水器。

——饮食生活中不可或缺的东西是什么？
好水、盐、醋。

——最想在厨房里添置什么东西？
打荞麦面的工具套装。

——喜欢什么食物？
精心制作的寿司、厚切牛排、香肠、德国面包。

——对烹饪产生兴趣的契机？
我父母是开日料店的，所以我从小就会下厨房。

——做饭时最注重什么？
边做饭边收拾。

——兴趣是什么？
教橄榄球、摄影。

——请透露一些正在收藏或忍不住会买的东西。
家具，还有饭菜照片很漂亮的书。

——生活方式中最注重的主题是什么？
创造一家人在健康的习惯中熟睡的环境。

——最喜欢家里什么地方？喜欢在那里做什么？
把椅子搬到玄关门前的转角，看看夕阳。

——为什么选择现在住的地方（地区）？
这里没有电线杆，附近有森林可以散步，本地有绿化规定，跟邻居的距离恰到好处。

——喜欢哪种着装风格？
我喜欢规矩的正装也喜欢摇滚音乐人不羁的风格，不过自己穿的衣服最注重通风透气。

——每天搭配服饰时最爱用的单品是什么？
素面皮鞋。

——如何培养品位？
寻找、观察并思考美丽的事物。

——加入BEAMS的契机是什么？
加入了名古屋店的开业员工阵容。

——在以往的工作中，最深刻的记忆是什么？
我去伦敦办公室时，被那里现代化起居室的惊人美感给震撼了。

马场先生"只会指名要一点下酒菜",其他饭菜都交给夫人负责。可是,他一个人生活时经常自己做饭,而且最擅长做回锅肉。三十年前,他走进伦敦的餐馆,发现那里的厨房员工几乎都套着Dennys的围裙。因为喜欢他们的形象,马场先生至今仍很爱用这款产品。

1. 餐桌旁有扇大窗户，给室内带来柔和的阳光。因为窗户大，玻璃采用了隔热性能高的三层结构。因此，室温常年维持在22—23摄氏度。2. 镰仓"舫"工艺店在因州中井窑特别定制的盘子，这套餐具照顾到了日本料理用盘子吃饭的习惯，并且添加了让汤汁集中在中央的设计。另外，马场先生拿在手上的柳宗理染大盘同样来自因州中井窑，只有外侧十分接近黑色，造型摩登大方，用来盛放西餐同样好看。3. 正在准备下午茶的马场先生。厨房料理台自产意大利，以白色为基调的配色和铁制把手的色彩平衡很巧妙。摄影当天正好是2019橄榄球世界杯开幕，他跟家人的话题全都集中在这项运动上。马场先生现在正给当地儿童担任橄榄球教练，还准备跟家人一起到御崎公园球技场观看苏格兰对萨摩亚的比赛。4. 喝茶与喝酒时都用茶杯。随着日本生活方式的改变，茶杯底部开始出现高台，防止热量传到人手、桌面和榻榻米上。据说了解这些背景知识后，人会对器皿更加着迷。5. 柳宗理的陶瓷器皿适合多种菜肴，是餐桌上不可或缺的存在。

（上）举办家庭派对时还可兼作立饮桌的岛式料理台。（下）夏天酷热，起居室的下午茶推车上放了丹麦皇室爱用的HOLMEGAARD玻璃碗和小花瓶，透出一丝清凉。

（上）因为父母经营日料店，马场先生从初中就开始在厨房帮忙。"握寿司、煮荞麦面、做炸猪排饭，这些都弄过。"一走进厨房，当时的记忆就变得栩栩如生。
（下）甜品是戚风蛋糕配抹茶冰激凌，还点缀了黑车厘子。

FOOD ITEMS OF MINE

1. 镰仓"肪"工艺店在因州中井窑特别定制的盘子。2. 因州中井窑的代名词——无边分染平盘。3. 用柳宗理设计的面料手工制作的杯垫。4、5. 出西窑的黑釉器皿。6. 下方是森山窑的灰釉方茶杯和筒描茶杯。上方是龙门司烧的圆形小茶杯。7. 森山窑的白流釉六寸盘。马场先生说:"在民艺作品中,河井宽次郎的强悍风格最吸引我。"河井宽次郎的关门弟子森山雅夫也有同样的魅力。8. 直径约有30厘米的小鹿田烧大盘。"大件的作品能够让人感到制作者的力量。"9. 马场先生出国旅行都会带回当地的报纸。今年3月一家人去夏威夷看ONE OK ROCK乐队的演唱会,买到了菜谱照片很漂亮的当地报纸。10. *Eating Outdoors*等收录了众多漂亮照片的外文书是马场先生忍不住就会买的东西之一。

46 白木 康太郎
白木 爱花

在线商店
BEAMS 六本木HILLS
24岁、26岁/神奈川县川崎市

先 下班的康太郎先生负责做晚饭，迎接爱花女士回来，这就是白木家的日常。早上，爱花女士负责制作两个人的便当。这些便当巧妙利用了康太郎先生预留的小菜和家里剩下的食材，就像餐馆的"员工餐"。两人直到去年结婚之前都住在父母家，如今却已经学会事先确定伙食费进行管理，真是难以置信的可靠。单从饮食就能看出，两人会互相尊重彼此的生活节奏和喜好。

——请说一样对厨房的讲究。
清洁感。(康太郎) 宽敞。(爱花)

——厨房里最珍重的东西是什么？
围裙。(康太郎) 保鲜容器。(爱花)

——饮食生活中不可或缺的东西是什么？
橄榄油、水。(康太郎) TABASCO辣油、水。(爱花)

——喜欢什么食物？
GOLD RUSH的三层奶酪汉堡。(康太郎) 扬州面房的酸辣汤面。(爱花)

——对烹饪产生兴趣的契机？
上初中时，在青山Napule吃到了山本尚德（现中目黑Pizzeria e trattoria da ISA店主）先生做的菜。(康太郎) 想再现妈妈做的厚蛋烧。(爱花)

——做饭时最注重什么？
做好几样菜的时候，会注意食材保持平衡。(康太郎) 凉了也好吃。(爱花)

——请透露下餐饮方面经常参考的信息源。
以前打工的意大利餐馆的大厨、Instagram。(康太郎) Tsukuoki。(爱花)

——兴趣是什么？
看YouTube、Amazon Prime。(康太郎) 去迪士尼乐园、看电影和舞台剧。(爱花)

——请透露一些正在收藏或忍不住会买的东西。
Kinloch的手帕。(康太郎) 耳环。(爱花)

——在家时最喜欢如何消磨时光？
播放自己喜欢的歌曲，边听边熨衣服。(康太郎) 冲咖啡喝。(爱花)

——生活方式中最注重的主题是什么？
吃、睡、玩。(康太郎) 不忘提升自己。(爱花)

——请讲讲房间的主题和布置原则吧。
每次做完饭都要清洗灶台。(康太郎) 统一感。(爱花)

——最喜欢家里什么地方？喜欢在那里做什么？
在厨房里做饭。(康太郎) 抱腿坐在地毯上。(爱花)

——每天搭配服饰时最爱用的单品是什么？
Hanes的纯色T恤。(康太郎) MARIA BLACK耳环。(爱花)

——如何培养品位？
跟很多人交谈。(康太郎) 找到自己憧憬的人。(爱花)

（上）正在做意面最后加工的康太郎先生。（下）这天的菜品有什锦前菜和银鱼芝麻菜意面。前菜中有煮茄子、迷迭香拌南瓜、普罗旺斯杂烩、蘑菇吞拿鱼，还有沙拉和各种青菜。

（上）坐在吧台亲密用餐的两人。（下）爱花女士说："慢慢花时间煮一壶咖啡是我休息日的乐趣。"据说因此选择了萃取时间很长的咖啡机。

1. 白木夫妇去年结婚，今年办了婚礼。墙上的挂画是当时会场的装饰，贴满了宾客留下的星形留言。"我们用Pinterest上的创意设计了婚礼会场。"（爱花女士）2. 起居室的架子上装饰着婚礼的迎宾海报和爱花女士的首饰。第二层椭圆形的剪影画是用两人在爱花女士最喜欢的迪士尼乐园留下的剪影制作而成。同样用作了婚礼迎宾的装饰。"我会把最上层的镜子和化妆盒拿到起居室的茶几上化妆。"（爱花女士）3. 康太郎先生的Kinloch手帕都用来塞在外套胸袋里做配饰。"因为洋装很简单，所以搭配略显夸张的花纹刚刚好。无论是在BEAMS还是其他店铺，只要看到好的图案我都会买。"（康太郎先生）4. 特别讲究饮水和设计的两人选择的饮水机是amadana的产品。5. 认为厨房最重要的东西是保鲜盒的爱花女士。DEAN & DELUCA的珐琅容器不仅好用，而且好看，是极其优秀的产品。

（上）两人把小狗玩偶放在中间，在起居室休息。康太郎先生说："我们在讨论以后养条真狗。"（下）家电和架子统一为白色，让容易显得杂乱的厨房变得更清爽。

FOOD ITEMS OF MINE

1. 爱花女士的好朋友送给他们的LE CREUSET餐盘。"吃咖喱或者打抛饭用这个，看起来特别好看。"（康太郎先生）
2. 两人去金泽旅行时做的盘子和茶杯。
3. 在金泽21世纪美术馆商店购买的意面量具，可以以量1—4人份。
4. BEAMS的总监赠送的杯子，来自Christiane Perrochon。
5. 康太郎先生根据长度购买的OXO餐夹。
6. 山崎实业的意面盒容量够大，而且能够真空保存。
7. 在MoMA商店购买的厨具套装。
8. 跟滤水篮配对的NITORI意面锅。
9. 爱花女士喜欢咖啡，"因为这个滤杯开口大，可拆卸，我觉得应该很好洗，就买了下来。名字叫SLOW COFFEE STYLE，要花很长时间萃取，所以只在休息日用。"
10. 公司前辈赠送的BALMUDA电水壶。"我都没有说家里厨房统一成了白色，前辈却刚好挑了白色的送给我。"（康太郎先生）

AMAZING LOCAL FOODS

421

全国的BEAMS成员在各自熟悉的47个都道府县寻觅了当地的美食。从平日里早已习惯的乡土风味，到不太想告诉别人的隐藏名店，还有排长龙的人气店铺、勾起个人回忆的食物，全部收录其中。这一排排的店铺和食品，不仅体现了各地的气候、风土和文化差异，也反映了每个成员不同的性格和行动模式，是BEAMS独有的美食指南。出发到日本各地旅行前，请务必一读！

HOKKAIDO
BEAMS AT HOME TOWN
— 北海道 —

野口 健太郎
BEAMS 札幌 STELLAR PLACE
30岁 / 现居北海道小樽市

1 炭火烤制的猪肉味道超绝！
六味庵决胜盖饭

这里是南小樽站背后的不起眼小店,但是里面的决胜盖饭却是本地人热爱的美食。一大碗饭配上两个煎蛋、泡菜和炭火烤制的厚切猪肉,既有嚼劲又味道十足。个人认为,这是盖饭界一绝。

2 白领热爱的名店
伊志井烤串的烤肠

这是坐落在小樽夜店街"花园"的烤串老店,价格便宜又好吃。这里的烤肠无论吃多少串都不腻。酱汁微甜,有点像味噌又有点像酱油;入口柔软,让人一吃就上瘾。

3 品尝小樽独有的海产
日式厨房"御神"

这是位于小樽花银大道的居酒屋,不仅菜品丰富,还能品尝到本地的海产,生意特别兴旺。店里有被炉座位,可以放松身心。海鲜沙拉的量恰好够三人食用,里面满是新鲜海产,分量十足。

4 专心制作应季食材
创意菜餐馆"不讲究"

这里有很多创意菜品,照片上的盐辛奶油意面不仅放了盐辛,还有海胆和蔬菜,味道可谓一绝。这里最适合品尝美味的应季蔬菜。而且前菜还可能有生牡蛎。店内有传统的地炉包厢座,气氛特别好。连使用的餐具都能令人感到店铺的讲究。

5 外表和味道都清爽的小樽夏日风物诗
生葡萄鸡尾酒

没有特定的店铺,只要去参加祭典,就能看到很多店都卖这种酒。用北海道产尼亚加拉葡萄制作的生葡萄酒,兑上姜汁汽水,再加点蓝色的库拉索酒,就成了备受女性喜爱的鸡尾酒。

BEAMS AT HOME TOWN
AOMORI
― 青森县 ―

大水 瞳
Demi-Luxe BEAMS 横滨
23岁 / 青森县东津轻郡人

**1　养殖帆立贝产量日本第一
　　新鲜的平内帆立贝**

因为气温较低，这里的平内帆立贝以口感紧实、味道甜美著称。我最推荐的就是烤炉烘烤、酱油调味的吃法。小学参加滑雪比赛时吃到的烤帆立贝是我最怀念的味道。冰天雪地里热腾腾的帆立贝特别美味！最好吃的季节是冬天。

**2　产量占全国一半以上
　　全熟灌蜜青森苹果**

提到青森，最具代表性的当然是甜美的苹果。津轻、红玉、世界一……青森县出产的苹果种类约有五十种。我小时候就流行背诵苹果种类，因此应该有很多青森人能数出五十种苹果。

**3　青森著名的B级美食
　　仙贝汤**

在鸡肉高汤里加入牛蒡、胡萝卜等蔬菜煮熟，然后掰碎南部仙贝（见P424）加进去，就成了一锅美味。南部仙贝煮一段时间就会变软，口感如同年糕，特别好吃！寒冷冬日来上一锅，会暖到心里。

**4　青森应季食材的宝库
　　鲜鱼、干物、蔬菜市场**

从青森站走路只要5分钟就能到，这里销售各种海鲜和蔬菜。店铺老板们都很和蔼，走在里面能够感受到浓浓的人情味。我最喜欢的食材是大翅鲳鲉。我从小就很熟悉这种鱼，做成煮鱼好吃得不得了。

**5　最适合配饭下酒
　　容易上瘾的睡魔泡菜**

睡魔泡菜的配料有鲱鱼子、青森萝卜、昆布和酱油，可以用来配白饭，也可以下酒，味道特别棒。风味比较重口，让人吃得停不下来。我每次回老家时，公司前辈都会让我带点给他们。

BEAMS AT HOME TOWN
IWATE
— 岩手县 —

松下 勇气
物流业务部
33岁/岩手县久慈市人

1 销量数一数二
甜筒和那不勒斯风味猪排意面

位于花卷市街百货商场六楼的马尔堪大食堂充满了让人忍不住放松下来的复古气息。这里有绝对能满足胃口的那不勒斯风味猪排意面和外表惊人的甜筒。甜筒吃起来不太甜腻,正好用来搭配味道浓郁的猪排意面。

2 每次回老家都要去
久慈市千草拉面

我最推荐的是猪排拉面。这碗拉面使用了手擀卷面和纯正通透的鸡汤,配以笋干、香葱、鸡肉叉烧,再叠上吸饱了汤汁的炸猪排,味道清淡而深邃,怎么吃都不会腻。

3 父母家和奶奶家常备
南部仙贝

过去只有芝麻味和花生味,后来口味渐渐多了起来,可以尝到咖喱味、纳豆味和能量高汤味了。我最推荐酱油仙贝。味道略微浓郁的酱油和芝麻十分相称,咬一口就再也停不下来。

4 2017年度"冠军酒"
特别纯米酒南部美人

岩手县二户市出产的日本酒曾在国际葡萄酒挑战赛日本酒单元获得冠军,因此日本酒爱好者应该很熟悉。冷酒能品到果香和鲜味,待到温度稍微升高,味道就更加浓郁,是一种可以反复品尝的美酒。

5 个人最推荐
照井果子店的经木馒头

充满韧性的外皮包裹着黑蜜与胡桃,咬下去的瞬间满口甘美,若不一口吃掉,满满的蜜糖就会溢出来,一定要小心。配茶配咖啡都一流,是超级百搭的小零食。路过附近一定要试试哦。

BEAMS AT HOME TOWN
MIYAGI
― 宫城县 ―

佐藤 雅大
BEAMS 仙台
20岁 / 现居宫城县仙台市

照井 未奈
Demi-Luxe BEAMS 仙台
26岁 / 现居宫城县多贺城市

1 品尝好吃的烤串与日本酒
炭火烧鸡DATE

坐落在仙台的伊吕波横町，充满昭和怀旧气息的炭火烧鸡DATE。店内主要是吧台座位，可以跟老板边吃边聊。最推荐六根串与一杯饮料的套餐。这里的日本酒种类丰富，老板会搭配菜品帮忙选酒，走过路过不要错过。（佐藤）

2 人数多也能放心前去
新鲜刺身最受欢迎的居酒屋"新"

从仙台站坐地铁一趟就能到，走到河原町站就能看见居酒屋"新"。店里最自豪的是使用了当季食材的菜肴。刺身拼盘特别新鲜，每天都有不一样的组合，所以每次去都会点。夏季限定的甘蔗天妇罗也是一绝。（佐藤）

3 豪爽特粗面让人上瘾！
面屋MARU的干捞拉面

宫城野区平成的面屋MARU是我一开店就经常光顾的地方。店里有一种堪称招牌的特粗面，做成干捞拉面特别好吃。应该在我吃过的大分量拉面中排名第一。希望能把它分享给日本全国的拉面粉丝。（佐藤）

4 海边咖啡店的美味
石窑比萨与香软松饼

坐落在七滨町的SHICHI NO CAFE & PIZZA是以松饼和比萨为主的咖啡店。这里的松饼外表朴素，吃下去又香又软，入口即化。而且只需580日元，价格实惠，最推荐搭配比萨一起享用。（照井）

5 午餐还有帕尼诺
罕见的生火腿&萨拉米专卖店

Salumeria Come Sta是开在仙台市的生火腿与萨拉米专卖店。可以坐在吧台席观看火腿切片工序，每一种都特别诱人，而且跟葡萄酒等酒水很搭。午饭时间提供的生火腿帕尼诺也是比较推荐的一道菜。（照井）

1

2

3

4

5

BEAMS AT HOME TOWN
AKITA
— 秋田县 —

佐藤 嘉纪
B:MING by BEAMS 部门经理
37岁 / 秋田县秋田市人

若松 智之
Pilgrim Surf+Supply 采购
39岁 / 秋田县大馆市人

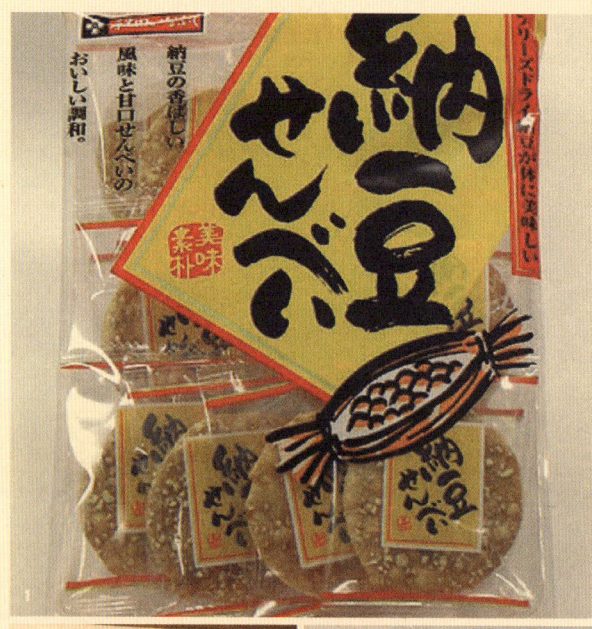

**1　带给亲朋必受欢迎
　　稻福米果的纳豆仙贝**

纳豆爱好者肯定会爱上的纳豆感和酸甜口味，每次回老家都会买一大堆。一般人可能只对水户有印象，不过秋田也是纳豆的产地。这种仙贝使用了县民熟知的山田食品的干纳豆，可以随手拿起来吃。（佐藤）

**2　在安静的店铺里享用美食
　　内行人才知晓的万八荞麦怀石**

这是我父母家附近的名店。石磨手打午餐荞麦面很好吃，不过最推荐的是晚餐的荞麦怀石。另外，店里还有荞麦豆腐、荞麦炸豆腐、鸭汤荞麦等菜品，以及荞麦汤兑烧酒。其中荞麦炸豆腐也很值得尝试。（佐藤）

**3　品尝古老滋味
　　小松屋本店的"雪糕榴梿"**

这款雪糕因其榴梿般的口感而得名。每次回横手市老家，我就会去买来吃。它有一种怀旧的味道，让人想起小时候的暑假。口感绵软，味道清爽，可谓独一无二。（佐藤）

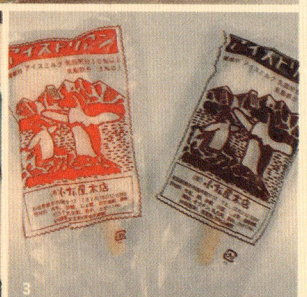

**4　以忠犬八公像闻名的大馆车站的
　　人气便当——花善鸡饭便当**

作为一款便当，它的外表很普通，但是用秋田小町米和甜口的鸡肉煮汁做成的米饭太好吃了。每次回老家，我都会专门在大馆车站买一份便当，拿到新干线车上吃。（若松）

**5　排长队的拉面店名品
　　樱木屋韭菜荞麦面**

这里最具特色的就是鸡骨汤打底的微辣酱油汤配手打中粗弯面，在店里的菜单上属于王者地位。虽然店铺在大馆市郊外，但以前开在我上的高中附近，总能让我回忆起那个时候。（若松）

YAMAGATA
BEAMS AT HOME TOWN
— 山形县 —

金内 生雅
BEAMS 二子玉川
20岁 / 山形县庄内町人

**1　山形县民钟爱不已
　　梦幻的拉面店"琴平庄"**

山形县拉面消费量日本第一。这家拉面店只在冬季营业。让身体瞬间暖和起来的热汤，嚼劲十足的细切笋干，还有特别入味的叉烧，最后是一碗弯面将美味统一起来，这是本地人钟爱的美食。

**2　汤殿山滑雪场的美味
　　简单的定食沁人心脾**

大碗米饭搭配牛肠煮和山形特产蜂斗菜薹，虽然十分简单，但是让人吃得心安。我的爱好是滑雪，每次滑了好几个小时，累得筋疲力尽之后，吃着这份套餐，远眺高大的雪山，心情就会格外舒畅。

**3　装满了山形县自然恩惠的
　　本地名酒**

山形县既有好米，也有好水，因此有许多品质上等的日本酒：从罕见的"十四代"，到大家都喜欢的"花言巧语"等。我在外面吃饭，看到家乡的酒就会点一份，每次都能品到令人感动的味道，绝不会背叛我的信任。各位以后看到了，也一定要品尝品尝。

**4　山形县的下饭菜当然是
　　山形拌凉菜**

吃到这个就会让人感觉到夏天。每家每户做拌凉菜的方法都不一样，我家是将黄瓜切成细丝，加入茄子、紫苏，然后是生姜和面汁。如果夏天中暑没有食欲，用这个配白米饭也能吃一大碗，很不可思议。

5　老家堆满樱桃的夏天

如果有认识的人在社交网络上发了这种照片，请在底下评论看看，对方大概率会分一点给你。因为我每年也都会收到自己吃不完的一大堆。山形的樱桃甜度高、颗粒大，我小时候都顾不上吃饭，一味捧着它吃，总被家长骂。

FUKUSHIMA
BEAMS AT HOME TOWN
— 福岛县 —

高桥 咲
PR战略部 媒体运营
26岁／福岛县福岛市人

南 昌平
BEAMS 原宿
25岁／福岛县郡山市人

1 福岛县民最爱的奶咖 直接做成了冰激凌！

从我小时候起，一提到咖啡无疑就是酪王奶咖。最近在东京也能看见了，不过在福岛的车站，酪王奶咖冰激凌特别有人气。酪王牛奶独有的醇厚味道直接体现在冰激凌上，只要吃一次就会上瘾。(高桥)

2 从原料开始层层讲究，充满家乡至爱的正宗麦子烧酒"梦相马"

为了宣传相马的麦子和水，当地推出了酒水新品牌"梦相马"。这款烧酒使用了自然资源丰富的土地涌出的"天明水"，以及相马市栽培的大麦"春雷"，酒香馥郁。听说还有人用它加冰配黄瓜招待客人。(高桥)

3 在冬季运动爱好者间日益风靡！超鲜美番茄拉面

里磐梯有一家本地人经常光顾的山间车站食堂，其知名菜品名叫"超鲜美番茄拉面"。正如其名，拉面味道"超鲜美"，虽然看似量多，但是能让人忍不住全部吃完。整个番茄加上奶酪与罗勒调味，意大利风情十足。(高桥)

4 搭配组合富有新意 全国罕见的酸奶专卖店

酸奶甜品店"Morning" 1983年开业，现在分店已经开到了县外。这里常年有十五种以上的酸奶可供选择，还有栗子玫瑰、红豆青梅等新奇的口味组合。"甘夏橘椰果味"是我从小就喜欢的味道。(南)

5 用足量苹果熬煮而成 郡山市人气西餐馆的名品"井坂煮"

每次回老家，我一定会去光顾"罗马的太阳"餐馆。最推荐的是这里的井坂煮炸猪排套餐。将井坂煮原料中的夏里亚宾牛排换成了猪肉，再调整口味加工而成，入口即化，味道超凡！(南)

BEAMS AT HOME TOWN
IBARAKI
— 茨城县 —

小泉 匡代
BEAMS OUTLET 阿见
31岁 / 现居茨城县神栖市

**1　来自自然资源丰富的筑波
　　GOATEE 的鲭鱼三明治**

我高中时的朋友创建了与GOATEE咖啡店并设的OTTO美容室，店铺位于一座旧仓库改建的建筑物里，外表很酷。我最推荐的GOATEE菜品就是鲭鱼三明治。茨城县的鲭鱼捕捞量其实是日本第一。本来用于日料的鲭鱼，竟然能摇身一变成为这个样子。还可以打包外带。

**2　人生最爱的"小火烧"和
　　本地居民钟爱的江户崎馒头**

"小火烧"是亲戚和祖母家茶盘里必不可少的仙贝。它有清甜的米香，个人认为比橘子更适合窝在被炉里享用。红豆馅饱满的金币形江户崎馒头是传承了市町村合并后不复存在的江户崎地名的点心。

**3　加入了干萝卜丝的
　　最强下饭菜——拌纳豆**

茨城县的饮食文化少了纳豆可不行。而我最希望纳豆爱好者品尝的，就是这里的拌纳豆。仅仅是纳豆和干萝卜丝拌在一起，香味和口感就更上一层楼，让人赞不绝口！因为纳豆入味，无须另外浇酱汁。

**4　茨城名产不只是纳豆
　　可以生食的玉米**

虽然茨城县连续六年排在魅力值倒数第一的位置，但是这里有采草莓、摘梨子等丰富多彩的休闲娱乐。而且，还可以直接跟农户购买当季蔬菜和水果。夏天还能找到早晨新鲜采摘的玉米，美味得可以直接生吃。

**5　蜜瓜出货量日本第一！
　　请来参加蜜瓜任吃之旅**

茨城县的蜜瓜出货量竟然也是日本第一，甚至还有蜜瓜任吃之旅活动。尤其鉾田市更是蜜瓜知名产地，又毗邻大海，是个特别好的地方。蜜瓜一放进冷藏柜就会停止熟成，请在它熟透前常温保存。

TOCHIGI

BEAMS AT HOME TOWN

— 栃木县 —

须贺 裕美
人才开发部
37岁 / 栃木县那须乌山市人

牧野 英明
授权事业科
38岁 / 现居栃木县上三川町

1　桧木屋火炉旁的美味
　　栃木的夏季风物诗，盐烧鲇鱼

在我心目中，夏天就是戴着斗笠的人坐在小船上钓鲇鱼。在桧木屋你可以看到古法打鱼用的竹排，还能吃到连骨头都酥软好吃的盐烧鲇鱼！一边欣赏被称为关东岚山的落石一边品尝啤酒，感觉太棒了。这里的鲇鱼饭也推荐一试。(须贺)

2　喜连川温泉名点温泉面包
　　最推荐抹茶红豆味

虽然没有用温泉水，但是也叫温泉面包。一个面包切成三份，用吐司机稍微烤一下就很好吃！在我小的时候，电视上还播放过Bakufu-Slump制作的温泉面包主题曲，现在应该没什么人知道了吧？(须贺)

3　只能在栃木品尝到的美味
　　丸金纳豆制造本铺的纳豆

在栃木县那须乌山市一些外表很像民宅的工厂直销店和蔬菜直销店能够买到这种纳豆。这是我从小吃到大的东西，长大后我才发现，它不给大型超市供货，只在本地销售。充满历史感的金太郎包装也格外可爱。(须贺)

4　Café Mashiko-Bito
　　"没有罪恶感的点心"

这家店的老板是体育教练兼营养师，跟选手共同开发了"运动员也能放心吃的点心"。它目前已经被选为天空跑赛事日本代表选手的官方补给食品，是既健康又能品尝到素材本身味道的奢侈甜点。(牧野)

5　益子的灵魂美食
　　满满夏季蔬菜的缅甸汤

缅甸汤是用高汤和咖喱粉等调味料烹煮的夏季蔬菜汤。它原本是益子出身、出征缅甸的人为了重现当地的味道而创造出的家常菜。因为营养丰富，还能有效防止夏季中暑。照片中是Café Mashiko-Bito的出品。(牧野)

— 群马县 —

朴 里奈

宣传统筹部
28岁／群马县馆林市人

**1　在乌冬文化扎根的群马
　　不可错过的本地乌冬**

群马县自江户时代就有吃乌冬的习惯，直到现在依旧能在不同地区发现个性十足的乌冬。馆林的乌冬光鲜透亮，柔滑有嚼劲，很受欢迎。另外，宽乌冬近年在社交网络上也备受关注，有的乌冬宽度甚至超过了10厘米！

**2　说到县民的便当就是它！
　　登利平的上州御用鸡饭便当**

登利平是群马县民钟爱四十余年的鸡饭老店，他们家的鸡饭便当加入了薄切的鸡胸肉和爽口弹牙的鸡腿肉，可以品尝到不同的口感。这种便当凉了也很好吃，是很多人中午饭的必选品，深受大家喜爱。

**3　焦脆的表面和浓醇的酱汁
　　助平屋的烤馒头**

烤馒头堪称群马县民的灵魂美食，连我上小学时开运动会都能看到烤馒头摊。助平屋的烤馒头酱汁浓厚如麦芽糖，焦脆的表面特别美味。而且它的个头特别大，口感特别好，吃一个就饱了。

**4　复古包装魅力十足
　　桐生名产白富士冰馒头**

说到群马的冰馒头，那当然是白富士！这是坚持使用传统做法的桐生市清凉点心，豆沙馅包裹在牛奶味的冰棒中，奏响绝妙的和谐乐章！夏天洗完澡来一根，冬天拿出来放5分钟再吃最美味。

**5　群马县发祥的人气拉面连锁店
　　扇屋拉面**

群马县民必定光顾过的扇屋拉面。里面最受欢迎的菜品就是味噌拉面。一口下去就能感到味噌的醇香在口中绽放。曾经还出过丙级足球队群马草津温泉队的联名菜单，在县民与球迷之间引起热议。

BEAMS AT HOME TOWN
SAITAMA
― 埼玉县 ―

深田 真实
BEAMS 东京晴空塔
28岁 / 现居埼玉县志木市

长沼 俊贵
BEAMS 大宫
26岁 / 现居埼玉县埼玉市

1　使用秩父好水
武藏屋本店的荞麦面别忘配上核桃酱

秩父有好水，荞麦面也很好吃。秩父荞麦味道朴素柔和，可以用盐和荞麦面汁调味，还能拌点核桃酱。这家店休息日人很多，不过可以在旁边的小卖部或是网上购买。店内兼设的咖啡厅还展示了地方艺术家的作品。(深田)

2　山下工房不仅有好器皿
还有好吃的手工焦糖布丁

这里的布丁醇香绵滑，布丁爱好者绝对会爱上。焦糖带有恰到好处的苦味，配合甜味饮料也不会腻。布丁碗厚重又漂亮，能在店里买到。在这里能够同时欣赏陶艺作品和美味甜点。(深田)

3　好多同事都喜爱！
多万里食堂的酱油拉面

这是大宫最好吃的中餐食堂，BEAMS大宫的同事每次来都交口称赞："太棒了！"味道怀旧的酱油拉面最让人上瘾。如果各位来到大宫，请一定要去这家名店尝尝。个人还推荐里面的猪排盖饭，特别好吃。(长沼)

4　在复古的"伯爵邸"咖啡店
享用大宫意面

这家店位于大宫站东出口的小巷子里，竟然是二十四小时营业！所以，它也是大宫唯一通宵开放的纯咖啡店，深夜在这里观察各色客人也是一种乐趣。使用了浓郁番茄酱的大宫意面是从1975年起就备受本地居民喜爱的固定菜品。分量很大，品尝时务必空腹。(长沼)

5　大白天就挤满酒友
大宫的休憩之地，泉屋本店

这家店的招牌最适合用"简单即最佳"来形容。它就大剌剌地竖立在大宫的歌舞伎町——南银座大道入口处。店里有自斟自饮的客人，也有五六人聚会的。一边点菜一边会被店里阿姨们戏弄的风格似乎从来没变过(笑)。(长沼)

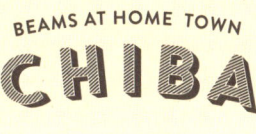

CHIBA
— 千叶县 —

久保 健斗
BEAMS 六本木HILLS
23岁 / 现居千叶县镰谷市

**1 千叶县内开了九家店
服务本地的"彼得·潘"面包店**

这家面包店总是挤满了客人。我也经常在休息日到这里来开启一天的生活。它受欢迎的理由是店员服务热情,活动众多,而且最重要的是面包种类繁多,个个都好吃得让人停不下口!

**2 船桥市本地的灵魂食物
怀旧的酱汁拉面**

说到本地拉面,许多千叶县民和船桥市民都不太清楚。这款拉面正如其名,是以酱汁为底制作而成。吸溜一口带着汤汁的面条,酱汁的酸甜滋味就会在口中扩散开来。我喜欢只搭配肉和卷心菜食用。

**3 全菜品300日元,居酒屋氛围满分
客人络绎不绝的"元祖·叁佰宴"**

从挤满船桥车站乘客的大路拐进一个小巷,顺着满是餐馆和酒馆的窄路往前走,就能找到这家居酒屋。店里客人络绎不绝,男女老少都有。我也一直喜欢光顾这里。酒水和菜品都是300日元,而且非常美味。

**4 附近随处可见直销店
甜美水灵的县产梨**

这种梨在千叶县的栽种面积、收获量和产量均占全国第一。其实也难怪,因为光是我家旁边,就有五六个卖梨的直销店!大路旁边就是梨园,在这里算是日常风景。有的地方还能体验摘梨现吃,一定要去看看。

**5 以白糖和酱油打底,口味浓郁
鲜美诱人的山洲蛤仔**

千叶县也是著名的蛤仔产地,到处都有赶海胜地。我最推荐用生姜和酸甜酱汁熬煮的山洲蛤仔。可以用来下饭,可以跟饭煮成一锅,还可以下酒。

TOKYO
BEAMS AT HOME TOWN
— 东京都 —

设乐 洋
董事长
68岁 / 现居东京都目黑区

1 每一道菜品都无比美妙
麻布十番的"土佐料理·桂浜"

这是我朋友松村厚久先生参与经营的介绍制土佐料理专门店。这里的秸秆烤鲣鱼很有名,不过可以自由选择的盒装下酒菜也无比美妙。最后还能搭配一道香软的米饭。店里采购高知的山间米自己做成精米,用土锅炊制,格外讲究。

2 提前半年预约,让人迫不及待
银座日本料理店"篠原"

每次都要提前半年预约,然后心心念念地等候。这家店在我眼中算是日本料理第一名。每次到店,我都会惊讶于老板娴熟运用当季食材的烹调技艺。尽管他是个技艺高超的厨师,但性格并不死板,在他店里可以轻松畅快地享用美食。

3 深夜也很棒
西麻布的博多拉面"红暖帘"

这是在西麻布开了三十多年的博多拉面店。偶尔想在夜里饱餐一顿,这就是最好的选择。店里的黄金组合是拉面配水饺配明太子米饭。虽然博多拉面味道浓郁,但是这里用了浓口酱油,可以遮盖猪骨汤特有的气味。

4 西麻布的烤肉餐馆
The INNOCENT CARVERY

这家西麻布的烤肉餐馆坚持使用最高档的和牛,从日本各地调配食材,由主厨冈田先生从中精选最好吃的部位推荐给客人。餐后的冷面味道也很棒。切成薄片的青柠几乎能把面都盖住,吃起来爽口又舒心。

5 与葡萄酒结缘
生蚝特别好吃的 VINOBLE

这是品尝生蚝与葡萄酒的店,好就好在可以作为聚会的第一摊、第二摊,甚至第三摊店铺。店里使用广岛大黑神岛出产的生蚝,在完全没有生活排水的无人岛上饲养,品质惊人。配合各种生蚝提供的葡萄酒也格外美妙。

远藤 惠司

执行副总
68岁 / 现居东京都新宿区

1 个人认为要数日本最好吃的
淡岛大道上的"韩寺"烤肉店

我觉得这家位于代泽的烤肉店可谓日本第一。这里肉质特别高档,不仅厚度惊人,而且入口即化。进店只需说一句"跟平时一样",就能全身心专注于享用美味。每次BEAMS员工开烤肉聚会,都会选这里。

2 深藏不露的法式餐馆
赤坂的t013 n.table

这是一家位于赤坂住宅区一角,由民宅改装而成的深藏不露的法式餐馆。老板兼主厨川崎渚独自打理着这家安静的小店。食客聚集在吧台处,一边品尝美食一边与主厨聊天,就是最棒的享受。

3 河豚料理老店"牧野"
名品毛蟹萝卜锅

这家河豚料理老店位于浅草和上野中间的松谷。店里的河豚料理自然特别好吃,不过这家贴近平民口味的市井老店最一流的还是毛蟹萝卜锅。用味噌给高汤调味,加入生毛蟹和萝卜丝细细熬煮,最后再来一碗蟹肉杂炊饭或是拉面,堪称一绝。

4 亲切的味道
目白台的关口法式面包

这家创业一百二十年的老店位于目白台,面包制作技术由明治中期来到日本的法国传教士传授,其独特的风味支撑店铺开到了现在。因为那是我长大的地方,从小到大已经光顾了六十多年。坐在店里看着目白台的绿色景致,也不失为一种享受。

5 外国记者俱乐部内
THE MAIN BAR

这是刚刚搬到二重桥地区的日本外国记者协会内部的会员制餐馆。菜单与纽约餐馆无异,最拿手的菜品就是经典汉堡。这道菜让从小就憧憬美国的我无比陶醉。照片是与石川次郎先生到店时拍摄的。

KANAGAWA
BEAMS AT HOME TOWN
—— 神奈川县 ——

增户 亮太
社区设计部
40岁 / 现居神奈川县川崎市

门胁 匠太
BEAMS LIGHTS主管
41岁 / 现居神奈川县川崎市

1 就要吃新鲜出锅的
炸鱼薯条专门店The Gazebo

每次回家乡叶山都要去的一家店。里面的炸鱼薯条面衣松脆，配上特制塔塔酱可谓一绝！新鲜出锅的薯条是油炸食品爱好者绝对无法拒绝的美味。食品可以外带，推荐到附近的海边去，边看海边吃。（增户）

2 最后一口都火热鲜香
味平家的名品——铁锅拉面

味平长柄店是开在134号国道边上的拉面店，住在叶山的人都知道它。店里名品是装在铁锅里的拉面，吃到最后一口都火热鲜香。又厚又大的叉烧用筷子就能夹断，口感柔软。（增户）

3 此队必须排！特制担担面与
蔬菜分量十足的手工饺子

担担面饺子坊"北京"的川崎宫崎台店是无论早晚都有客人排队的人气店铺。店里的特制担担面以麻婆豆腐一样的浓厚汤底为特色。而且他家饺子从擀皮开始手工制作，用料十足，孩子也超喜欢，我们一家人经常光顾。（门胁）

4 红茶专门店特有
口味最受欢迎的绝品刨冰

宫崎台站附近的红茶专门店Tea House Mayoor的刨冰口味绝赞。最推荐的是使用了浓醇而香味独特的阿萨姆红茶制作的奶茶口味。配料选择朗姆葡萄干和珍珠最搭，我有时也会点草莓牛奶味（笑）。（门胁）

5 专门早起去吃
怀旧纯咖啡店的早餐

这家纯咖啡店位于元住吉站旁边，名叫"伊哈托布"。这个词是宫泽贤治为心目中的桃源乡起的名字。40岁过后，我开始喜欢上纯咖啡店，尤其喜欢这里的位置、店内气氛和餐点味道。从某种意义上说，这里就是我的桃源乡（笑）。（门胁）

BEAMS AT HOME TOWN
NIIGATA
― 新潟县 ―

泷泽 一喜
BEAMS 町田
29岁／新潟县新潟市人

佐藤 亮介
BEAMS PLUS 原宿
23岁／新潟县新潟市人

1 新潟五大拉面之一 深受喜爱的名店——拉面东横

这家店是深受众多人喜爱的名店，在市内开了好几家店铺，我最常去的就是中央区南笹口店。这里的味噌面汤味道特别浓郁，还可以自己用店里提供的汤汁调节浓度。拉面用的是超粗面，嚼劲十足。（泷泽）

2 说到新潟县的B级美食 当然是万代荞麦的名品咖喱饭

万代城是新潟县的经济中心，那里的公交总站附近有一家立食荞麦面店。店里的荞麦面自然很好吃，但香料味道十足的老式咖喱饭也极受欢迎。我上学时就很爱吃这个，算是回忆中的味道。（泷泽）

3 哪种都好吃 新潟引以为傲的"御果子司·贵饼"

这里的贵福饼使用了风味十足的年糕，包裹自家手打的颗粒状红豆馅，没有任何添加物，可谓招牌商品。另外还有使用了北海道十胜大纳言小红豆与新潟县原产糯米的小金饼，白玉与抹茶十分般配的宇治刨冰，无论什么商品都是让人赞不绝口的高品质。（佐藤）

4 有人常去常新，有人远道而来 美容室兼设的"山茶花咖啡"

燕市的"山茶花咖啡"是美容室兼设的咖啡店。与咖啡店一墙之隔就是美容室，真可谓奇妙的空间。这里的咖啡又香又醇，让人流连忘返。（佐藤）

5 想尽情享用新潟乡土菜 就去装潢古典的越后番屋酒场

新潟乡土菜的代表——能平汤和栃尾的炸豆腐都是这里必点的菜品。除此之外，还有大得惊人的铁板生蚝、炒面和使用了浓郁肉酱的新潟意面等，好吃的不胜枚举。（佐藤）

1

2

3

4

5

BEAMS AT HOME TOWN
TOYAMA
— 富山县 —

内田 裕大
BEAMS OUTLET 北陆小矢部
23岁 / 现居富山县小矢部市

1　富山县首屈一指的美景
　　眺望雨晴海岸，来一份特制午餐

这里是415号国道沿线的雨晴海岸咖啡。最值得推荐的无疑是窗外的海景。那可是入选了"日本海岸百选"的县内首屈一指的美景。午餐时间，店里的意面套餐最受欢迎。意大利宽面完美融合了浓郁的番茄酱汁，还很有嚼劲！

2　米其林 Bib Gourmand 推荐
　　绝品冰见小鱼干拉面

这家店名叫"贪嗔痴"，坐落在冰见的住宅区内，白天是拉面店，晚上是居酒屋，特别受本地人欢迎。2016年，这里的冰见小鱼干拉面被登上米其林推荐榜单，小鱼干的浓厚汤汁配上口感硬的细面，堪称完美！另外，面里配的烤叉烧也是一绝。

3　可以从三种蛋中挑选的蛋汁拌饭
　　亲玉食堂

若问小矢部市哪家食堂最受欢迎，那当然是亲玉食堂。这里是以鸡肉和蛋为卖点的食堂，最推荐的菜品当然是蛋汁拌饭。可以选的鸡蛋品种有浓郁口味不输酱油的"海味蛋"、味道淡雅的"床锅蛋 α"、口味清甜的"草本蛋"三种。

4　吃一次就上瘾
　　Kirari 拉面的浓郁味噌风味

Kirari拉面是个人最推荐的富山拉面店。每次到店我一定会点味噌拉面和鸡蛋饭。加入猪背油的浓郁味噌汤底与粗弯面可谓绝配！松软的鸡蛋饭也是个不输美味拉面的绝品。

5　色香味都是最高级！
　　"祭"居酒屋的超厚牛舌扒

我每月都会去一次"祭"居酒屋。这里的名产是超厚牛舌扒，不仅外观具有冲击力，味道和口感都堪称最棒。店主用炭炉把牛舌烤到客人喜欢的程度，搭配上紫苏味噌和柚子胡椒，或是只用简单的盐来调味。怎么可能不好吃！堪称奢侈享受！

BEAMS AT HOME TOWN
ISHIKAWA
— 石川县 —

上田 实生子
BEAMS GOLF 办公室文员
28岁 / 石川县小松市人

日谷 润
BEAMS 金泽 总经理
51岁 / 现居石川县金泽市

**1　开朗店主打理
烤串酒屋十兵卫**

这家店位于金泽市区稍远处的锦町高地，店内可以眺望金泽夜景。店中名菜是炭火烤串，店主对烧烤方法和使用的酱汁都特别讲究。顺带一提，他们家的创业时间跟BEAMS一样是1976年。（上田）

**2　陶醉于充满情调的美酒与小菜
BAR+ART SPACE 819**

BAR+ART SPACE 819就开在金泽有名的滑板店CASPER对面。一楼是本地滑板爱好者每晚聚会的酒吧，二楼是画廊，不定期举办展览。（上田）

**3　因"这是为啥8番"广告而闻名
县内开设51家店铺的8番拉面**

8番拉面1967年在号称北陆大动脉的8号国道沿线开设，不仅是石川县民，整个北陆的人民都钟爱这家拉面连锁店。店里的招牌菜品是放满炒青菜的青菜拉面，我每次回老家都要去吃。（上田）

**4　可以吃到越南三明治
黄油炒肝Bánh mì**

店里气氛十足，还可以尝到创意满满的正宗越南三明治（Bánh mì）。不仅味道好吃，而且外表豪华，量又足，价格又优惠。这里最受欢迎的就是带着甜甜香味的蜂蜜烤猪肉味，590日元。（日谷）

**5　本地居民长年钟爱
MOTHER'S餐吧**

这个餐吧的氛围竟与日本传统小城金泽的风景完美融合。吧台内摆放着威士忌、优质龙舌兰和让嗜酒之人垂涎的啤酒。除此之外，还有许多餐品。照片上是口感松软的绝品蛋包饭。（日谷）

FUKUI

BEAMS AT HOME TOWN

— 福井县 —

小林 弘直
BEAMS STREET 梅田
35岁 / 福井县坂井市人

森下 绚叶
B:MING LIFE STORE by BEAMS LUCUA 1100店
22岁 / 福井县敦贺市人

1　夏季特别推荐
越前萝卜泥荞麦面

福井县岭北地区的主食是荞麦面。使用了高筋粉的荞麦面搭配萝卜泥，再来一勺面汤就是浇面，把萝卜泥拌进面汤里就是汤面，加很多很多萝卜泥就是"萝卜泥荞麦面"。（小林）

2　福井县最有代表性的甜点
羽二重核桃饼

加入了核桃与蜂蜜蛋糕的羽二重饼。恰到好处的清甜加上美好的口感，让人忍不住再来一个。我每次回老家都要去PRISM福井采购，带回去跟同事和邻居分享，大家都很喜欢，所以我特别推荐这款点心。（小林）

3　福井县民无人不知！
在欧洲轩要点巴黎盖饭

每次回老家我一定会去欧洲轩吃饭，这里最推荐的菜品就是"巴黎盖饭"。这款盖饭用炸肉饼代替了炸猪排，浇上酱汁入口爽脆，肉汁味道也一流。到福井来一定要试试看！（森下）

4　土生土长于敦贺的父亲带我去的
汤之国餐馆

汤之国店铺内还保留着桌面游戏机，充满了安静复古的情调。这里的猪排炒饭很受欢迎，另外水果巴菲也特别好吃。各色水果中还能看到切成小兔子形状的苹果，让人感受到来自老奶奶的疼爱。（森下）

5　水清且净的若狭夏日风物诗
水仙馒头

据说水仙馒头的"水仙"是从"水洗"讹传而来。因为过去在店里也会把这种点心浸在水里保持清凉，只是现在越来越少这么做了。它口味不会太甜，而且光滑有弹性，点多少都吃得下。（森下）

BEAMS AT HOME TOWN
YAMANASHI
— 山梨县 —

大神田 南海
BEAMS 立川
23岁 / 现居山梨县上野原市

**1　Rose Farm 咖啡店
　　手工华夫饼**

如果想品尝应季水果的美味，就到笛吹市的咖啡店 Rose Farm 去吧。店里引以为傲的是季节限定甜点，其中使用了整颗桃子的手工华夫饼更是美味无比。这家店既是杂货店又是狗狗咖啡，有各种休闲方式。店员的笑容也十分甜美。

**2　嚼劲十足的粗面
　　超人气店铺——山本乌冬**

山梨县有一种名叫"吉田乌冬"的知名美食，其中山本乌冬又是享誉全国的人气店铺。这里的乌冬面全部手工制作，又粗又有嚼劲，吃起来特别有滋味。必点的肉乌冬搭配了小鱼干高汤和酱油汤底烹煮的马肉，特别好吃！

**3　名胜·猿桥的伴手礼
　　木实仙贝**

大月市的猿桥是日本古桥中结构最有特色的"日本三奇桥"之一。在那里散步的最佳伴侣就是木实仙贝。这种仙贝分厚烧和薄烧，厚烧很硬，用手掰用牙咬都很难撼动！不过正是这种硬，才让人越吃越上瘾。

**4　与信玄饼联名
　　信玄冰激凌**

提到山梨县的招牌甜点，必然是在年糕上撒黄豆粉和黑蜜糖的信玄饼。除此之外，还有信玄布丁和信玄卷，但是我最推荐的当属信玄冰激凌。这款甜点在山梨县内的休息站、服务区、桔梗屋各个分店都能吃到，请一定要试试！

**5　上野原市名产
　　种类丰富的酒馒头**

酒馒头用煮好的米加米曲加工而成。现在，上野原市有将近十家酒馒头店，可以买到红豆馒头、味噌馒头、抹茶馒头，还有稀奇的鱼馒头、木鱼花馒头……冷冻保存可以延长保质期，最适合用来当伴手礼。

BEAMS AT HOME TOWN
NAGANO
— 长野县 —

山崎 元
经营策划室长
44岁/现居长野县北佐久郡

**1　大家聚到轻井泽搞BBQ
　　肉都交给片山肉店就好**

这家精肉店开在与轻井泽相邻的御代田，店内肉类品种齐全，俨然肉品百货公司。店员都是肉类专家，会像时装店的店员一样帮忙推荐商品，提出符合客人需求的方案。我最推荐的是牛舌。

**2　晨采蔬菜清甜美味的轻井泽
　　最推荐轻井泽发地市庭**

如果要买好吃的蔬菜，政府经营的直销店轻井泽发地市庭以及中轻井泽农协的直销店是最佳选择。露天种植的蔬菜除了很有名的生菜，还有无人不知的西洋菜。另外，晨采的玉米也是我年年期待的必购产品。

**3　信州乃荞麦店的宝库
　　排长龙的名店"笹仓"**

"笹仓"荞麦店开在追分，店里乍一看没什么特别的，但迷你天妇罗盖饭套餐每一口都味道绝佳，无论吃多少遍都不会腻。另外，由于排队吃绝品萝卜泥荞麦面的人很多，每次要排长时间才能进店的"雾下荞麦·地粉屋"，还有御代田的"浅间·翁"也都是很不错的店。

**4　本地人最爱的鹤屋超市
　　绝品比萨**

这里的人几乎每天都会到鹤屋超市去采购，能介绍的产品实在太多了，其中的比萨不仅价格实惠，而且味道一流。有番茄味和白酱味，直接放配料上去就很好吃，家里开派对和BBQ聚会时也能派上大用场。

**5　轻井泽美食餐馆
　　RK GARDEN 的蔬菜咖喱**

这家餐馆位于追分的"FLOWER FIELD GARDENS"花店一角，在里面能够品尝到轻井泽的美食。坐在装潢简约而充满绿色的环境中，来一碗健康又量足的蔬菜咖喱如何？

BEAMS AT HOME TOWN
GIFU
— 岐阜县 —

大山 达己
BEAMS 六本木HILLS
29岁/岐阜县关市人

**1 香甜的蜂蜜蛋糕底
包裹了"求肥馅料"¹的鲇鱼糕**

这种甜点在全国各地都能看见，但是只有在岐阜才能看到这样的外形。岐阜县水好，自古就盛行饲养鸬鹚，人们都喜欢把鸬鹚捕到的鲇鱼做成串烧享用。扎根于本地的鲇鱼料理后来成了日式点心的外形，不断传达着岐阜的历史和魅力。

**2 颠覆早餐的常识
东海地区独有的早餐菜单**

东海地区的早餐跟别处可不一样。有的店会提供炒面或乌冬，还有的店以饭团为主角。精心打造的独特饮食文化正可谓是日本待客精神的产物。比较不同店铺的特色早餐也不失为一种乐趣。

**3 每次回家都想吃
回忆中的味道——五平饼**

单面烘烤的米饭涂上甜辣口味的味噌酱汁，就成了五平饼。因为本地祭典必然会有五平饼的小摊，直到去了东京，我才惊讶地意识到那不是全国性的习俗。现在我对五平饼心存怀念，总会莫名想来上一块。一般在高速公路的服务区吃比较便宜，如果要找店铺，首选多庆屋！

**4 朋友亲戚的BBQ聚会
"小鸡"必不可少！**

"小鸡"牌的鸡肉用微辣酱油调味，只需要跟蔬菜简单翻炒一下，就能摇身一变成为谁都爱吃的主菜。除了本地超市，高速服务区和休息站都能买到，所以其他地区的人也请一定试试。

**5 逐渐在休息站等地方
展现出存在感的柚子产品**

最推荐的是左起第二件柚子七味粉。乌冬、荞麦面、炸鸡块、牛肉盖饭等，只要能用到七味粉的地方都能用它。这种七味粉风味清爽，入口辛辣，却绝不会喧宾夺主，请务必尝试一下。

---

1 由糯米粉加糖和水制成。（编注）

1

2

3

4

5

SHIZUOKA

BEAMS AT HOME TOWN

— 静冈县 —

清水 宏好
BEAMS 静冈
38岁/静冈县静冈市人

铃木 绘里香
fennica 办公室文员
32岁/静冈县静冈市人

1　只有这里能品尝的独特味道
**　　中村屋亲子盖饭**

首先它的外表就让人大吃一惊。炒蛋外加大块鸡肉，还有香菇、竹笋和鱼饼，挤得满满当当，盖在甜口的米饭上。外观已经超乎想象，味道更是令人震惊。吃上一口就再也停不下来。"半熟"亦是极品。(清水)

2　代表日本的香料
**　　产量全国第一的静冈山葵**

山葵最需要好水，而气候得天独厚，山川资源丰富，还有优质好水的静冈县就成了特产山葵的地区之一。有东木被认为是山葵种植发祥地，它就位于BEAMS静冈所在的县中部，这里出产的山葵对静冈人来说是不可或缺的食材。(清水)

3　一望无际的茶园
**　　日本第一茶产地**

因为我家开茶叶店，每天早午晚都习惯喝茶。每顿饭吃到最后，往剩了一些米粒的饭碗里倒些茶水做成茶泡饭，便又是一道美味。茶还有杀菌和抗菌作用，感冒时能当药喝。fennica也在销售茶叶产品。(铃木)

4　黝黑的汤汁煮出黑色半片糕
**　　县民的灵魂食品——静冈关东煮**

用牛筋煮汤，以酱油调味，然后用这种黑色汤汁煮静冈关东煮。在黑色的半片糕上点缀沙丁鱼或木鱼花，再来点青紫菜便是一道美味。剩下的汤汁倒进米饭，做成的杂炊饭也很好吃。以鲭鱼和沙丁鱼为原料制成的黑色半片糕可谓营养十足。(铃木)

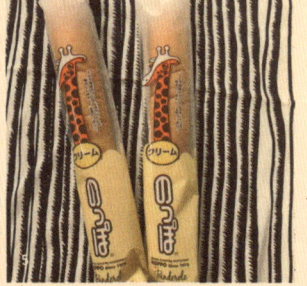

5　1978年至今都深受喜爱
**　　静冈产长条包**

在34厘米的细长面包里夹上奶油，就成了这款人气零食。长颈鹿包装是人人都熟悉的标识。静冈县内的超市和便利店都有这种商品，现在还增加了花生味和巧克力味，甚至在祭典的小摊上也能看到。(铃木)

BEAMS AT HOME TOWN
AICHI
— 爱知县 —

佐野 明政
BEAMS JAPAN 项目组长 / 商务制作部
45岁 / 爱知县名古屋市人

大林 宏司
B:MING by BEAMS LALAPORT TOKYO-BAY店
40岁 / 爱知县丰桥市人

1 一吃就上瘾
　　香软海绵夹心蛋糕

我推荐的店铺是位于丰桥市的西式点心店BON Toraya。店里有一款海绵夹心蛋糕号称"天使的甜点"，保证一吃就上瘾。又香又软的海绵蛋糕夹着柔滑的奶油，入口甜蜜无比。可以先从基础款香草味开始尝试。（大林）

2 名古屋站直通地下街
　　吉田宽面ESCA店

这是1890年创业的吉田面业直营的宽面专门店。他家的面全部为总部工厂制作，会根据季节变化调整盐水的浓度和加水量。用室鲹、宗田鱼花、青鲹、鲭鱼花、木鱼花熬煮出的鲜美汤汁搭配扁宽面特别入味，超级好吃！（佐野）

3 来自名古屋的连锁咖啡店
　　米田咖啡店总店

说到米田咖啡，就不得不提早餐服务。无论点什么饮料，都会赠送吐司和煮鸡蛋，特别实惠。每天上午11点前，只要点一杯咖啡，就能吃到免费的小仓红豆馅吐司。店铺无论外观还是内部都意境十足，不愧为总店。（佐野）

4 名古屋必吃菜品
　　在家自己做辣酱炒意面

意面亭CIAO的怀旧辣酱可以完美重现我们从小就习惯的辣酱炒意面风味。再用炸鸡块和香肠点缀，就成了不输店里的美味。这款产品可以在超市买到，我每次回丰桥都要买点当伴手礼！（大林）

5 热乎乎白米饭配新鲜出锅炸虾
　　名古屋特产——千寿天妇罗饭团

这可谓名副其实的名古屋特产。它使用了新鲜的小虾与伊贺越光米，在刚炸好的虾表面撒上盐粒，完全包在饭团里。盐突出了虾的鲜甜，又能起到调味作用。这款千寿天妇罗饭团可谓极品。推荐在店内食用。（佐野）

BEAMS AT HOME TOWN
MIE
— 三重县 —

中村 澪奈
社区设计部
24岁／三重县伊势市人

挂桥 伸弘
BEAMS HOUSE 神户 店长
39岁／三重县度会郡人

1 白天卖可丽饼，晚上变酒吧
三重的人气店 KILLIBILLI

这里白天销售咖啡和可丽饼，晚上则变身为酒吧。我最喜欢这里的伊势茶可丽饼，伊势茶略带苦涩的甘甜与糯米团子是最佳搭配。店内装潢也很棒，不仅杂志种类众多，还卖一点小饰品，所有人都能乐在其中。(中村)

2 不添加任何猪肉制品
"豚舍"的可乐饼

上幼儿园时，我第一次吃到了"豚舍"的可乐饼，至今依然难忘当时的冲击。因为他们家的可乐饼完全可以当甜点，不浇酱汁更好吃。顺带一提，店名"豚舍"就是不添加任何猪肉制品的意思。(中村)

3 伊势神宫周边
厄除町・荫福横丁

说到三重县首屈一指的美食一条街，当属厄除町。寿司饭、赤福、赤福冰、伊势乌冬、奶酪棒、松阪牛、铃木水产，还有卖可乐饼的"豚舍"，这里挤满了三重县的知名美食。很适合情侣约会、朋友出游。(中村)

4 "蒲公英巧克力"的
伊势限定菜单

这家巧克力专门店使用了单一产地的可可豆和有机蔗糖。它在关东和关西都开了店，不过伊势外宫前店提供限定的巧克力和饮品。店内还有咖啡座，参拜归来可以小坐一下。(挂桥)

5 南部铁器的铁板装盘
"森咖啡"的火辣辣特制意面

"森咖啡"创业于1970年，这里最推荐的就是用特制茄汁调味的意面。店里用火辣辣的铁板出品，打上一个生鸡蛋即可享用。而且他们还很讲究铁板的材质，专门选用了南部铁器。端上来时特别滚烫，鸡蛋被煎得滋滋作响。(挂桥)

BEAMS AT HOME TOWN
SHIGA
— 滋贺县 —

原 公基
B印 YOSHIDA 代官山
27岁／滋贺县甲贺市人

木村 宁音
Demi-Luxe BEAMS 柏
23岁／滋贺县长滨市人

**1 1872年创业的鳗鱼老店
"逢坂山兼代"的锦糸盖饭**

这家是1872年创业，位于滋贺县与京都府交界的大津市内的鳗鱼老店。店内有包厢，最适合平时小小享受一下。这里的名菜是锦糸盖饭，在蒲烧鳗鱼上添加了特厚高汤蛋卷，极具冲击力，味道也超棒。（原）

**2 欣赏琵琶湖风光
VOID A PART**

这家店集咖啡店、画室、实验室于一身，背后就是琵琶湖。午饭可以吃到不同日期限定的滋贺农家直采蔬菜，周末有工艺课，还能买到从国外采购的杂货和旧书。店主人也很好。（原）

**3 私家制面兼食堂
谷野食堂的炒面**

这家店位于以甲贺忍者闻名的甲贺市内，是俗称"Suyaki"的炒面B级餐馆。面如其名，就是单纯用中华面添加材料炒制而成。做好后放在拉面碗里端上来，自己用桌上的酱油和酱汁调味。我还特别喜欢店里怀旧的装潢风格。（原）

**4 冰镇更好的滋贺美酒
富田酒造的"七本枪"**

滋贺的乡土菜（比如鲫鱼寿司和鲭鱼素面）口味都比较重，最适合搭配辛口而清爽的"七本枪"。长滨市内每一家居酒屋都有这种酒。另外，长滨市还有一家名叫"黑壁空间"的玻璃工房很有名，生产许多形状各异的酒杯，请务必用它来享用美酒。（木村）

**5 杂烩亭总店
使用日式高汤的近江杂烩**

在中华面上方堆满蔬菜和猪肉的近江杂烩以清爽的日式面汤为特征。这也是我现在最怀念的味道。吃掉一半后，一般会加醋换个口味吃，不过偶尔换成柚子或韩式火锅汤，也好吃得让人停不下口。（木村）

1

2

3

4

5

BEAMS AT HOME TOWN
KYOTO
— 京都府 —

川端 将平
BEAMS 原宿
24岁 / 京都府京都市人

---

1 左京区冈崎的山元面藏
　　在有生以来吃过的乌冬中位列第一

这家店很有名气，平均等待时间超过30分钟，但是完全值得。店里的面筋道爽口，而且鲜美优雅又深邃的蘸面汤让人赞不绝口！太讲究了！配餐有鸡胸肉天妇罗和牛蒡天妇罗，杂菜饭也是一绝，一定要试试。

2 京都人都喜爱的西餐店
　　"户仓"的绝品肉饼

午餐时间，店门口的停车场总是爆满状态。这里人气兴旺的秘诀，就在于肉饼。呼之欲出的肉汁在插入筷子的瞬间便如决堤般流淌出来。请在Instagram上搜索"とくら"（户仓）的标签看看。你一定，不，绝对会想去尝尝的。

3 静静矗立在北山十字路口
　　牛排屋Peeping Tom

今天想豪放吃肉！若是产生这个想法，可以到这家店来尝尝。店里用炭火将脂肪含量少的红肉烤至五分熟，搭配特制萝卜泥橙醋享用，美味至极。另外，每天都会卖完的梦幻甜品——手工布丁据说也超级美味。

4 京都市政府站徒步5分钟
　　巷子里的名店——京都捏制作所

店里的椅子直接用一升瓶的箱子反过来铺上坐垫做成。另一个乐趣就是可以从几十个种类中挑选自己喜欢的筷子和筷架。每一种菜品都特别适合下酒，特别是山药丸子，好吃得不得了。

5 嗜甜的我最想推荐
　　pàtisserie Tendresse 蛋糕店

该店每周六、日、一营业，开店的瞬间就会卖断货。第一次吃到这里的蛋糕时，我受到了强烈的冲击，毫无疑问它是我有生以来尝过的最好吃的蛋糕。在特别的日子买它回家，一定能发挥大作用。

BEAMS AT HOME TOWN
OSAKA
— 大阪府 —

小林 雅
BEAMS WOMEN 涩谷
26岁 / 大阪市鹤见区人

石飞 宏树
BEAMS HOUSE 梅田
44岁 / 现居大阪府大阪市

1 餐品只有一样！
面包坊L'amie福岛总店

这家面包店远离市中心，客人却是络绎不绝。因为他们极其讲究用料和制法，会配合天气和烤箱的状态调整配方和火候。做出来的面包散发着甘甜的小麦香气，口感柔软，请务必尝试。购买需要事先电话预约。(石飞)

2 老板的豪爽表演也是一绝！
京桥的人气居酒屋"富"

因为是露天的立饮屋，夏天会特别热，但是这样喝啤酒才舒服！有实惠的店铺推荐三件套和用卡式炉灼烤的金枪鱼片，老板徒手搅拌的表演也特别吸引眼球。因为是人气店铺，最好在开店30分钟前排队等待。(小林)

3 刨冰、红豆冰、冰激凌
市井人钟爱的甜品老店

这家甜品店名叫"角屋"，坐落在大阪最具代表性的商店街之一，千林大宫商店街内。店里一整面墙都贴满了菜单，数量之多令人眼花缭乱。不过我每次都点"冰：黄豆粉金时软款"。吃完刨冰必须再叫一块冰最中饼在路上吃。(小林)

4 位于大阪的玄关——新大阪附近
"一路发"台湾美食空间

这里的大厨以前是知名中餐店的总厨师长，他做的菜单全都堪称顶级！我很爱喝酒，每次都点大厨推荐的台湾空运蔬菜。这里的招牌菜是三杯鸡，另外还有很多海鲜刺身，让"海量"的人也特别高兴。(石飞)

5 味道朴素，大人小孩都喜爱
北极冰棍

每次到爷爷奶奶家，我总能在冰箱里找到北极冰棍。若是看到红豆味和牛奶味，就会特别开心。看到木棍斜着放，我一度以为是冰棍融化了……后来得知是为了方便吃特意做成斜的，就更加爱不释手了！(小林)

BEAMS AT HOME TOWN
HYOGO
— 兵库县 —

三宅 康平
BEAMS JAPAN
23岁／兵库县加古川市人

田中 玲菜
BEAMS 立川
26岁／兵库县明石市人

---

1 兵库县明石市乡土名产
松竹的明石烧

明石烧乍一看像章鱼烧，不过材料使用了足量鸡蛋，入口绵软。本地人还管它叫蛋烧。一般都是蘸高汤来吃，店里也提供酱汁，会吃的人会先蘸酱，然后蘸高汤。(田中)

2 提到兵库县
怎么能少了神户牛！

特别好吃，入口即化的神户牛，让人忍不住感慨：不愧是生长在兵库大地上的生物啊。不过，光在神户饲养的牛还不能称为神户牛，必须经过全日本最严格的筛选，才能得到这个名号。(田中)

3 四百年历史的商店街
隐藏着名店"老骨头"

明石鱼城！这里有家立饮店，隐藏在拥有漫长历史的鱼棚商店街中，唯有精通此道之人才知道它的存在。这里的特色就是能用便宜的价格吃到新鲜又好吃的鱼类。图上的刺身拼盘只需一枚硬币就能吃到！店里有很多下班过来喝酒的男客，不过我也经常一个人跑过去。(田中)

4 南京町最想介绍的
1915年创业，老祥记元祖猪肉包

这是一家名店，每逢节假日，不仅是本地人，连外地人都会远道而来，在这里排队买包子。这里的包子表皮又薄又软，肉馅鲜美多汁，吃一个就会上瘾。而且一个只卖100日元，听说还有一来就买100个带回去的常客哦。(三宅)

5 在神户南京町找甜品
当然要去鲜果专门店三木屋

创业七十年的老店三木屋最出名的就是水果糖葫芦。冬天到南京町来的人，没有一个会没吃过它就走，可见它受到了男女老少的莫大喜爱。这种糖葫芦外表酥甜，里面充满了水果的甘香，每个月能卖出去两万个，真可谓人气爆棚。(三宅)

BEAMS AT HOME TOWN
NARA
— 奈良县 —

竹政 胡桃
BEAMS 奈良
28岁／奈良县奈良市人

田林 知树
BEAMS 西宫
22岁／奈良县天理市人

**1　跟大厨聊天也很开心
　　每月必去一次的"八向-YAKO-"**

这是大和八木某家设计公司经营的日本料理餐馆。店里使用本地蔬菜和大和郡山出产的黑鸡，春夏可以吃到烧烤，秋冬则有好吃的火锅。店里的大厨很爱唠嗑，总是一不小心就聊得忘记时间，最后不得不赶末班车回家。（竹政）

**2　架上装饰着上千件有田烧・伊万里烧
　　荞麦店"观"**

这家荞麦店我已经光顾了四年。一次我提到自己在作画，爱好艺术的店主立刻跟我聊了起来，从那以后，我每次想吃荞麦面都会来这里。最值得推荐的是天妇罗荞麦冷面！据说志贺直哉以前还在这座风情十足的旧民宅二楼租住过。（竹政）

**3　奈良县民无人不知的吉野葛饼
　　TSUJIMURA**

葛饼香软的口感与黑蜜的搭配堪称绝妙，真的特别好吃。还可以撒上黄豆粉。店内装潢使用了大量吉野杉木，营造出舒适的气氛。游览过赏樱名地后，到这里小坐一会儿刚刚好，所以一定要去看看。（竹政）

**4　近铁奈良站步行两三分钟
　　散发樱木清香的汉堡包**

店里可以品尝到各国啤酒和种类丰富的鸡尾酒，最值得推荐的还是它家的大号汉堡包。店里的特制培根用樱木熏烤而成，特别好吃，所以尺寸再大也能整个吃完。汉堡用的面包硬度恰到好处，更显美味！（田林）

**5　工作日也营业到凌晨3点
　　可靠的彩华拉面**

彩华拉面的总店开在天理，这家拉面的特征是味道清淡，食而不腻。另外，浇头和配菜都很丰富，一点都不会吃厌。每次出门吃夜宵，最后基本都会到这家店来。（田林）

WAKAYAMA

BEAMS AT HOME TOWN

— 和歌山县 —

小西 利英

BEAMS 梅田
40岁／现居和歌山县纪之川市

1　全国少有的名产地！
　　品尝和歌山县的桃子

说到和歌山，总有人会想到梅或橘子，其实这里的桃子也非常有名。每年气候不同会导致收获时期不一样，不过大体上6月中旬到8月中旬是桃子最好吃的季节，请一定要品尝。

2　弹牙，爽滑
　　手打面＆自制叉烧的中华荞麦面

丸田屋的中华荞麦面可谓和歌山土生土长，使用了特制豚骨酱油汤和与汤底最配的手打面，再加上用三元猪五花制作的叉烧，无论男女老少都爱吃。店里还有使用老店"山利"提供的新鲜水煮小银鱼配紫苏叶呈上的米饭，可以跟荞麦面搭配成套餐品尝。

3　百去不厌的旧民宅咖啡店
　　"初花"的抹茶芭菲

初花咖啡店开在一座有百年历史的旧民宅里，有着独特的风格，可以放松地享用美食。这里有餐桌座、隔间座和包厢，任君选择。以抹茶冰激凌为主，搭配了奶油、红豆、糯米团子的日式芭菲味道堪称一绝！

4　享受绝妙的和谐味道
　　超大份HUNGRY汉堡包

FAVORITE COFFEE坚持在舒适休闲的空间里提供自己烘焙的特选咖啡和美味食品。在众多菜品中，我最推荐的就是所有配料皆为超大份的HUNGRY汉堡包。

5　极品海味勾动馋虫
　　金枪鱼盖饭＆水煮银鱼盖饭

和歌山有许多临海的城镇，无论在哪里都能见到出品海鲜盖饭的店。其中尤以"金枪鱼盖饭"和"水煮银鱼盖饭"最让人食指大动。来和歌山时，一定要尝尝看。

BEAMS AT HOME TOWN
TOTTORI
— 鸟取县 —

田中 亚希子
Demi-Luxe BEAMS 新宿
32岁 / 鸟取县鸟取市人

1　来自牧场直营的工房
　　种类丰富的绝品意式冰激凌

桥本牧场意式冰激凌工房的产品使用了当季水果和蔬菜,口感柔滑,特别好吃。在那里一边享用冰激凌一边眺望乡间独有的一望无际的风景,心情真是无限好。它是我每年回老家的乐趣之一。

2　只有冬季才能吃到
　　"味历安部"的珍贵蟹母盖饭

灰眼雪蟹的母蟹被称作"蟹母",蟹母盖饭中除了蟹肉,还能吃到蟹膏、卵巢和蟹腹,总之能让你特别满足,品尝到蟹的每一分美味。虽然价格有点高,但是到了鸟取请务必尝试一下。

3　鱼糜和豆腐混合制成
　　鸟取乡土菜——豆腐竹轮

这种豆腐竹轮我小时候直接当作零食,连我97岁的奶奶也特别喜欢。搭配芥末酱油,还能成为一道晚餐菜品。这种竹轮保质期很短,无法当作伴手礼送人,所以来到鸟取一定要尝尝。

4　鸟取的秋日美食
　　生产量全日本第一的"二十世纪梨"

对我而言,最好吃的梨莫过于"二十世纪梨"。它与普通品种"幸水梨"的柔软口感不同,咬下去爽脆多汁。可以直接食用,也可以放进咖喱里让肉变得更软。可以说,它是代表了鸟取秋日风味的果品。

5　鸟取伴手礼的新选择
　　白兔费南雪

最值得买来当作伴手礼的就是白兔费南雪。它以日本神话"因幡白兔"里的白兔为原型,使用了鸟取县出产的牛奶制作的大山黄油。其厂商"寿制果"旗下的"因幡白兔"馒头也很好吃。

BEAMS AT HOME TOWN
SHIMANE
— 岛根县 —

井上 雅博
B:MING by BEAMS总监
43岁 / 岛根县松江市人

**1　希望半世纪后依然存在的名店
　　MG咖啡店的名品猪排盖饭**

这是开在松江城不远处，已经经营了五十年的纯咖啡店。店主喜欢音乐，店里常能听到摇滚和乡村乐曲。以前还有知名演员和摇滚吉他手光顾过这家店。店里张贴的海报和照片都充满了怀旧气息。这里的名品是猪排盖饭，全国各地都有人慕名来品尝。

**2　田村荞麦屋
　　香气扑鼻的出云荞麦**

出云荞麦是日本三大荞麦之一，它的色泽较深，香气扑鼻。虽然城里随处可见荞麦面店，但是开业整整一个世纪，依旧被本地居民喜爱的老店就是这里。我最推荐店里的三层割子荞麦，一人份只要630日元，面还可以加量，一团210日元。

**3　岛根和牛肉饼绝赞！
　　北垣肉店**

这家肉店开在宍道湖与松江城之间，除了以岛根和牛为主的肉制品，手工制作的熟食也备受欢迎。我最推荐这里的牛肉饼，可以品尝到土豆、洋葱与岛根和牛的美味。这是在松江能够排起长龙的稀有店铺之一。

**4　味富的饺子
　　"饺多多"不仅分量大，而且蒜味足！**

这是松江夜店街外围的拉面店的知名菜品。老店创业于1965年，味道一吃就上瘾。切记饺子蒜味十足，第二天可能会影响周围的人。除了这道当之无愧的头号菜品，他家的味噌拉面也很值得一吃。

**5　天神章鱼烧
　　松江市民的灵魂美食**

祭祀学问之神菅原道真的白潟天满宫角落里有一家粗点心兼章鱼烧店，就是我要推荐的天神章鱼烧。店内装潢带有令人怀念的昭和气息。他家的章鱼烧口感香软，酱汁味道十足，木鱼粉和青海苔可谓绝妙组合。店里的大叔大婶也都特别有魅力。

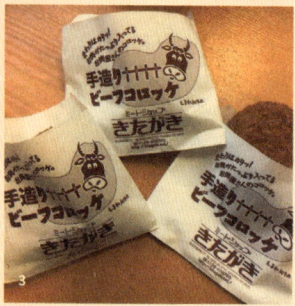

BEAMS AT HOME TOWN
OKAYAMA
— 冈山县 —

山本 真理
BEAMS 冈山
32岁 / 现居冈山县冈山市

名越 海斗
BEAMS OUTLET 仓敷
25岁 / 现居冈山县冈山市

1 休息日的早晨,悠闲的乐趣
HONKY TONK 冷萃咖啡

这是一家创业三十八年,室内家具厚重感十足,烘托出古典气息的原创烘焙咖啡专门店。他们每次接到订单后才会开始烘焙。我比较推荐这里的冰咖啡,八小时精心萃取,酸味与醇香恰到好处。(山本)

2 大排长队的名店 nid sand 的
应季水果三明治

这家店很有名气,12点开店前就会排起长队。水果名产地冈山特有的应季水果三明治自然是必吃品,此外,店里还有盐大福与蒙布朗等特殊口味的三明治。该店会根据时节改变菜单,而且售完即打烊,建议定期或提前前往。(山本)

3 使用了大量冈山草莓
绵绵的刨冰

添加了100%冈山县产草莓糖浆和娟珊牛奶慕斯的刨冰只能称之为绝品!100%冈山县白桃糖浆和白桃果粒的刨冰,以及鲜少人知道的招牌单品奶昔也很不错。(山本)

4 知名老店"河童"的
半乳糖酱炸猪排

用"仓敷名产""午餐""美食"来检索,一定能在第一位找到这家店。他家的菜品味道和分量都非常令人满足。同样使用了半乳糖酱汁的特制炸肉饼据说也特别好吃。不过这家店不论工作日休息日,每天都要排队。(名越)

5 能品尝到如画般的西餐
Bambi 是一家人享用美食的好去处

这家西餐馆距离仓敷站有5分钟车程。蛋包饭、炸虾、奶油可乐饼的B套餐是我小时候的梦幻组合。吃一口就能让人回到调皮的童年时代。店里气氛温馨,也有儿童游戏区,可以一家人前来用餐。(名越)

HIROSHIMA
BEAMS AT HOME TOWN
— 广岛县 —

高田 康博
Pilgrim Surf+Supply
37岁 / 广岛县广岛市人

**1　每次回广岛必定光顾
　　"中俣"的御好烧**

说到广岛，最出名的就是御好烧。甚至让人不禁想，广岛人民的身体究竟有几成是御好烧组成的呢？（笑）开在流川的"中俣"御好烧，蔬菜和面的平衡堪称绝妙。除了御好烧，他家的铁板菜也很好吃。

**2　好吃得连酱汁都喝光
　　"蘸面彦"的蘸面**

说到广岛人民喝酒的配菜，当然是广岛蘸面。它以冷面、蔬菜、辛辣的蘸汁为特色，可以根据口味选择辣度。"蘸面彦"的蘸汁辣中带鲜，让人恨不得整碗喝下。店里还处处可见店家对广岛东洋鲤鱼（职业棒球）队的热爱！

**3　不喝酒的大人和小孩也能尽兴
　　西条酒节**

东广岛市西条每年秋天都会举办为期两天的酒节，到场人数超过20万人。除了西条本地酒，在这里还能品尝到全国各地的酒，另有酒藏参观、音乐表演、超级英雄秀等节目，不能喝酒的孩子也能同乐。这是我心目中最棒的节日。

**4　内部知名度上升中？！
　　武藏饭团的仔鸡饭团便当**

从广岛乘坐新干线时，绝对不能错过的就是武藏饭团的仔鸡饭团便当。包装上写着"大家最喜欢的棒球队是鲤鱼队，饭团是武藏仔鸡饭团"，可见其饭团和炸仔鸡块都好吃得让人上瘾。

**5　换了新球场味道依旧不变
　　旧广岛市民球场的鲤鱼队乌冬**

早在旧广岛市民球场时代，鲤鱼队乌冬就在球队低迷期温暖了球迷的胃和心。记得那年加时赛末尾，在雨中目睹鲤鱼队被满垒四坏球淘汰出局的我，也被这一碗乌冬拯救了。

BEAMS AT HOME TOWN
YAMAGUCHI
— 山口县 —

小浦 泰弘
物流业务部
30岁/山口县下关市人

中井 利纪
BEAMS 广岛
25岁/现居山口县岩国市

1 所有人都能乐享的休闲胜地
地炉餐馆"山贼"

夏天,这里会亮起灯饰,宛如节日。冬天则有被炉和地炉,可谓休闲胜地。在这里吃到的山贼烧和山贼饭团,美味立增5万倍。山口人民一拿到驾照,肯定都会先开车去"山贼"!(中井)

2 一直被县民喜爱、山口引以为傲的
御堀堂外郎糕

山口的外郎糕不使用米粉,而是用蕨粉,因此比其他地区的外郎糕口感更软糯。尤以御堀堂的外郎糕最为出名,手工加工的红豆馅保留了传统的味道。其中,生外郎糕更是美味。(小浦)

3 现已几乎无人不知
山口骄傲的日本酒——獭祭

"獭祭"秉承"酒为品尝"的信念,最大的特征就是好入口。听说会直接批发给正确执行品质管理的正规经销店。酒中不乏浓郁的香味和甘甜,不喜欢日本酒的人也可以尝试一下。(小浦)

4 究极讲究的特制咖啡
imm coffee & roastery

这是一家由旧民宅改造而成的小小咖啡店和烘焙坊,附近就是日本三大名桥之一——锦带桥,可谓位于黄金地段。在河边休憩时来上一杯,真是舒畅。打包用的口袋也很可爱。(中井)

5 有约一百种冰激凌
佐佐木屋小次郎商店

这是锦带桥附近的冰激凌老店,店里约有一百种口味选择。我个人最推荐的就是布丁和皇家奶茶味混搭。周围还有不少竞争店铺,但我从小到大都是小次郎派(笑)。(中井)

1

3

4 5

BEAMS AT HOME TOWN
TOKUSHIMA
— 德岛县 —

川崎 伸二
BEAMS 立川
37岁 / 德岛县德岛市人

1 周末常有"鱼家拥堵"！
活力四射的海鲜餐馆——鱼家

这里是常年挤满本地和外地客人的海鲜名店。店名"binbi"是德岛县方言，意为"鱼"。店中菜品大量使用鸣门近海、濑户内海捕捞到的新鲜鱼贝类，无论哪样都很好吃。照片中是我最推荐的，以刺身拼盘和天妇罗为主材的鱼家套餐。

2 我心目中的德岛拉面王
让人眼前一亮的"王王轩"

德岛拉面名店众多，而我最希望各位拉面食客光顾的，就是"王王轩"。这里使用了长时间熬煮的豚骨汤底，喝上一口就会折服于它的浓郁深邃，鲜得不得了。

3 宿醉也能"吸溜"咽下
隐藏的德岛名产——吸溜溜乌冬

柔软有嚼劲、长短不一的独特弯面浸泡在关西特有的黄金高汤里，就成了一碗绝品乌冬。名称由来说法不一，一说来自吃乌冬时发出的声音。我最推荐的是老店船本乌冬大麻店的吸溜溜乌冬！

4 眉山脚下的日式点心店
创业四百年的和田乃屋

这里的名品是瀑布烧饼，据说是代代献给阿波藩主作为贡品的古老日式点心。店铺后院可以欣赏到眉山涌水锦龙水的小瀑布，别有风情。请通过这里点心的甘甜，体会德岛县的历史。

5 德岛市的人气休闲意大利餐馆
OSTERIA CAFE BAR CITRON

这里可以吃到添加了特产鸣门金时红薯的意大利玉棋面，外层包裹生奶油与帕马尔奶酪酱汁，每咬一口都鲜甜无比，特别幸福。

BEAMS AT HOME TOWN
KAGAWA
— 香川县 —

真锅 雅人
BEAMS 高松
36岁 / 现居香川县赞岐市

笠居 舞
BEAMS 高松
31岁 / 现居香川县高松市

1 毫不妥协的正统派
"家乡乌冬"的咖喱乌冬

这是位于高松市川岛东町的乌冬店,里面最推荐的就是咖喱乌冬。每次老板都会烘烤香料,使用国产牛排肉(偶尔能见到很大一块),可谓正统。光是想想口水就停不下来。(真锅)

2 好吃又好看
"风月"手打乌冬

大约十年前,我听到客人提起"风月的乌冬很棒",然后就记住了。柔韧有嚼劲的中粗乌冬,用黑胡椒调味的香脆鸡腿天妇罗,味道可谓一绝。他家摆盘也很好看,完全是"款待贵客的乌冬"。(真锅)

3 连肉汁都要舔干净
"一鹤"的带骨鸡

"一鹤"的带骨鸡是烤至表面香脆的风格。完成时浇一道滚烫的鸡肉汁,让香气更胜,还能带出香料的风味。店里还有鸡饭,不过我一般会点饭团,蘸上带骨鸡的鸡油吃下去。(真锅)

4 去了又去
"贿屋"居酒屋

这家居酒屋有醒目的蓝色屋顶和刀叉图案的标记,在里面能吃到各种使用了本地食材的菜肴。我最喜欢这里的釜玉拉面(不是乌冬哦)。半隔开的餐桌席位可供一家人落座,我常来这里搞女生聚会!(笠居)

5 香川芦笋
赞岐清晨的美味

这种芦笋特别大,第一次看到可能会大吃一惊。在濑户内的温暖气候中栽培的香川芦笋甜度高,又粗又软。上面介绍的"贿屋"居酒屋就用它来做沙拉和天妇罗,不过简单的盐煮芦笋也很好吃。(笠居)

BEAMS AT HOME TOWN
EHIME
— 爱媛县 —

金子 贵文
BEAMS MEN 涩谷
28岁 / 爱媛县松山市人

**1 松软的牛肉让人上瘾
　　梅丽面包坊的咖喱面包**

这家店可以算是我喜欢面包的原点，我从小学就一直光顾。里面有咖啡空间（咖啡免费！），可以立即品尝刚出炉的面包。我最推荐咖喱面包。熬煮得恰到好处的蔬菜和松软的牛肉咖喱包裹在香脆的面包里，实在太好吃了。

**2 爱媛人几乎都在吃
　　灵魂甜点日切烧**

这是一种在小麦粉面胚里包裹红豆馅等烤制而成的日式点心，常见的名称是"大判烧"。"日切烧"据说得名于这种点心最初的销售地——松山市车站前那座有一尊日切地藏的寺庙。除了红豆馅，还有奶油、咖喱等馅料，种类丰富。照片来自日切茶屋。

**3 在银鱼公园眺望绝美风景
　　品尝水煮银鱼盖饭**

银鱼公园位于佐田岬半岛中部的伊方町川之滨。二楼食堂可以远眺宇和海的风景，此时务必要品尝一下在宇和海捕捞到的新鲜银鱼做的水煮银鱼盖饭。如果从松山过去，推荐走佐田岬"旋律线"，然后转"海岸线"。

**4 怀旧风格的甜品店"赤乃帘"
　　冰冰凉凉、绵绵软软的刨冰**

这家怀旧风格的甜品店位于松山市中心的银天街第一商店街。穿过暖帘拉开格子门，瞬间回到昭和时代！里面还能吃到糯米团子和冰激凌，不过最有人气的还是刨冰。夏天还会排起长队。

**5 被本地人钟爱半个世纪
　　狮子午餐店的咖喱**

这是我爸妈上学时就喜欢光顾的老店。写着"奔向食欲，无可回避，浓香咖喱"的旗子是其醒目的标识。店铺位于随处可见精品店、可谓松山繁华街的千舟町，平时买衣服逛累了也可以过去坐坐。

BEAMS AT HOME TOWN
KOCHI
— 高知县 —

北川 隆介
IT解决方案部
28岁 / 高知县高知市人

原濑 友希子
进口部
38岁 / 高知县南国市人

**1 喝到最后也能开怀大吃
露天小摊"安兵卫"的饺子**

在高知,喝酒聚会出来后填肚子的美食,就是小摊饺子。因为皮薄菜多,清爽美味,两三人份都能一口气吃下去。那种与煎炸都不一样的轻盈口感让人上瘾。聚会喝到很晚时,带上一份"安兵卫"的饺子回去,可算家庭美满的秘诀。(北川)

**2 不要被体量吓到
文旦其实很好剥皮**

高知最著名的水果就是文旦。一般人可能会被它巨大的果实吓到,不过本地人能独自吃掉一整个。往往剥皮剥好久,瞬间就吃完了,或是好不容易剥好皮,果肉却被别人抢走了……只要使用柑橘类的剥皮器,就能轻松剥开。(北川)

**3 须崎市专门店的美食
滚烫锅烧拉面**

在锅烧拉面的发祥地须崎市,可以说满街都是专门店。从市内开车过去只需不到一个小时,恰到好处的远游感也很有意思。面汤是鸡汤酱油底,配菜基本是大葱和竹轮等。(北川)

**4 让人上瘾的酸甜
山手面包坊的那不勒斯奶酪包**

这是我正在长身体的高中时代经常光顾的面包店,最喜欢这里的那不勒斯奶酪包。一口咬下甜甜的面包,里面就会流出浓厚的奶酪。"香甜(好吃)→浓厚(幸福)→清爽(还想再来点甜的)"的循环绝对会让你上瘾。(原濑)

**5 新鲜草花让人眼前一亮
Equivalent 咖啡**

每年10月,山内神社都会举办美食集市(点心神社),我就是在这里发现了这家的咖啡。摊位使用大量草花装饰,让人眼前一亮,瞬间爱上。实体店是旧民宅改装成的艺术性空间,充满了身为摄影师的老板的美学。(原濑)

1

2

3

4

5

FUKUOKA
BEAMS AT HOME TOWN
— 福冈县 —

增田 隆介
BEAMS 博多 店长
33岁 / 福冈县久留米市人

弥永 美咲
BEAMS & WINDS 有乐町
25岁 / 福冈县北九州市人

1 配菜也超棒！
天屋的一口饺子

这里有一款蒜香味十足、香脆美味的一口饺子，保证一吃就上瘾。店里还有种类丰富的葡萄酒，配菜也特别好吃，比如炒空心菜、香菜炒胗子、鸡翅、土豆沙拉、马肉刺身和胗子刺身等，都能品尝到。老板人也很好，我总是忍不住跟他聊起来。(增田)

2 久留米是烤串圣地！
蔬菜卷和酒都很美味的"雄源"

久留米的烤串无论是猪肉、牛肉抑或蔬菜，都被称为"烤鸡肉"。在"雄源"，你还可以吃到蒜香黄油法棍串。店中使用了应季蔬菜的蔬菜卷味道绝妙！还能喝到处处少见的美酒，这家店真的很棒。(增田)

3 一人份也超有料
"元气亭"的肋排

说到久留米的人气美食，当然是肋排。隐藏的名店"元气亭"的肋排实在太受欢迎，每个人只能点一人份(笑)！店里还有马肉刺身和韩式泡饭，烤串种类也很多。(增田)

4 爱豚骨更爱高汤
"资家乌冬"的肉乌冬

"资家乌冬"是北九州主流的连锁店，每次回家我都要去吃。这里的人气肉乌冬有满满一碗甜辣味的牛肉，用昆布、香菇、鲭鱼花、脂眼鲱鱼花、鲣鱼花熬成高汤，味道香浓而甘甜。这里的关东煮和牡丹饼也很出名。(弥永)

5 爽口弹牙让人上瘾
"田洲"的牛肠锅

如果想品尝福冈特色的美味，就要试试"田洲"的牛肠锅。店里每天采购新鲜牛肠，做出其他地方吃不到的鲜甜和爽口，保证让你上瘾。最后清盘主食不是火锅面，而是添加马苏里拉奶酪、白葡萄酒、鸡蛋等配料做成的奶酪烩饭！(弥永)

BEAMS AT HOME TOWN
SAGA
― 佐贺县 ―

清水 绫夏
BEAMS OUTLET 鸟栖
26岁 / 佐贺县鸟栖市人

1 我的休息日午餐
"鸟栖面之介"的鸡肉天妇罗浇面

不愧是乌冬联盟"丰前里打会"培养出的乌冬店,店里的乌冬嚼劲十足。可推荐的菜品有很多,不过我最喜欢的就是鸡肉天妇罗浇面。可以选择冷/温两种,我是一年四季都吃冷面,再搭配一个迷你亲子盖饭。

2 下班了就会想念
魅惑的LION CURRY

这是鸟栖唯一的斯里兰卡咖喱店,最频繁时我一周会去四次。最推荐的菜品就是牛肠咖喱。里面有大块的牛肠,吃起来特别爽。另外还有很多配菜,与人分享也是一种乐趣。

3 居酒屋鳞次栉比的鸟栖车站周边
人气鸡肉餐馆——鸟日和

鸟栖车站周边最近突然多了许多居酒屋,已经演变为激战地区。要想吃到绝品美味,就要去这家鸡肉餐馆——鸟日和。我最推荐的是吃一口就上瘾的肉丸和烤串。此外,数量限定的晨采刺身也不能错过。

4 每到夏天就想喝
"金春"的奶油苏打

金春咖啡店用古董装潢打造出浓浓的怀旧氛围,能够让你产生时光旅行之感。这里最棒的是吐司咖啡套餐,还有夏天总会特别想喝的,呈现清透蓝色的奶油苏打。

5 装潢摩登的FUKU CAFE
享用每日一换的米饭套餐

不愧是开在大米直销店旁边的咖啡店,这里的米饭特别好吃。比较推荐四种大米轮换的午间套餐。因为大米牌子每日一换,每次都有新发现,让午餐变得充满乐趣。套餐里的南蛮鸡也是绝品!

BEAMS AT HOME TOWN
NAGASAKI
— 长崎县 —

赤井 汐莉
B:MING by BEAMS AMU PLAZA 长崎店
31岁 / 现居长崎县长崎市

高屋 祥太
BEAMS 长崎
24岁 / 现居长崎县长崎市

**1 长崎特产
多汁的茂木枇杷**

长崎县枇杷产量日本第一，所以它是一种长崎市民熟悉的水果。我尤其喜欢在茂木的海风和灿烂阳光中诞生的香甜多汁的茂木枇杷。因为朋友家里务农，每到枇杷收获的季节，我都能分到一些。（赤井）

**2 用"地狱炊"收尾？！
不容易坨的五岛乌冬**

这种乌冬是添加了茶油的细面，口感筋道。本地人喜欢在刚出锅的滚烫五岛乌冬上浇飞鱼熬的高汤或是酱油生鸡蛋，做成"地狱炊"。我推荐吃完火锅后煮点五岛乌冬收尾。（赤井）

**3 酒会后的绿洲
"蟹屋"饭团专门店**

"蟹屋"是位于铜座町的饭团与茶泡饭专门店，每次聚会过后，我都会来这里。店中约有二十种饭团，如果挑花了眼，可以先点个"盐鲭鱼"饭团。"天妇罗渣"也很好吃。另外别忘了滑菇味噌汤，可以安抚酒后的胃。（高屋）

**4 "夕月"咖喱店
遇见橙色咖喱块**

店里2016年翻新过，所以看起来崭新干净，但它其实是长崎市民无人不晓的名店。这里的咖喱颜色竟然是BEAMS橙！它看起来很辣，实际味道温和，正好适合我的胃。（高屋）

**5 甜甜辣辣的风味
角煮屋"小岛"的角煮包子**

这是一家从割烹料理店派生出来的角煮专门店。香软的包子皮加上甜辣口味的秘方酱油汁，太好吃了，简直停不住口。因为店就开在割烹料理店隔壁，可以轻松点餐，还能吃到刚出锅的美味。（高屋）

KUMAMOTO
BEAMS AT HOME TOWN
― 熊本县 ―

今村 刚
总监
46岁 / 熊本县菊池郡人

山村 高太郎
BEAMS 二子玉川
39岁 / 熊本县熊本市人

1 厚厚的猪背油
"火之国文龙"的熊本豚骨拉面

招牌上写着"熊本最强的浓稠面汤",可见其汤底之浓厚超乎想象。汤里用上了大量猪背油,视觉效果也很惊人。我最推荐的是"豚骨黑浓汤",先吃上一碗原味的,然后加入辣味噌,再加一团面。餐桌上的酸辣椒和红姜都随便吃,性价比极高。(今村)

2 包装就特别怀旧
龟甲形状的"龟仙贝"

直到现在,老家寄来的邮包里还总能见到味屋制果的"龟仙贝"。它外表跟歌舞伎饼差不多,但是小麦粉让口感十分酥脆,还带有九州酱油独特的浓醇和甘甜。每袋只需100日元,可以随手购买,价格实惠。(山村)

3 海产品丰富的天草市的豆类点心
"豆福"的天草海胆豆

加入了海胆、天然盐、辣椒和日本酒调味的油炸蚕豆,最适合配啤酒。总之吃一口就停不下来(啤酒也停不下来!)。这是我家必备的零食,目前还没碰到比它更好的下酒菜。(今村)

4 熊本县民必不可少的灵魂美食
"吓一跳团子"

熊本方言里把"简单"说成"吓一跳",所以这种团子叫"吓一跳团子"。它外表看起来很像大福,里面有红薯馅和红豆馅,分量十足。它是一种传统乡土点心,我也是吃这个长大的。(今村)

5 熊本引以为傲的下饭调味料
"米饭之友"

这种香松粉基本一家一瓶,不,为了防止太快吃完,甚至要一人一瓶。根据全国香松协会介绍,"米饭之友"已经被认定为香松的鼻祖。在新鲜出锅的米饭里拌上鸡蛋和"米饭之友",瞬间就能回想起故乡。(山村)

 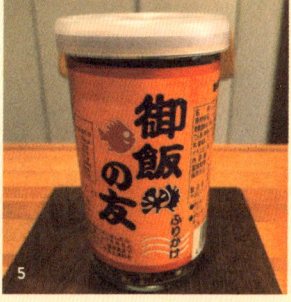

BEAMS AT HOME TOWN
OITA
— 大分县 —

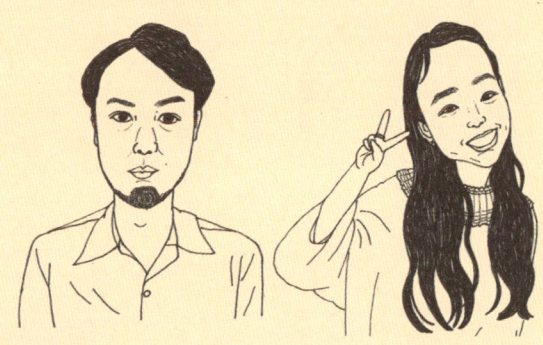

牛岛 正志
BEAMS 大分
39岁 / 现居大分县别府市

西村 渚
BEAMS 大分
28岁 / 现居大分县大分市

1 本地小学生也钟爱"三件套"的手工塔可

这家塔可店名叫"三件套",位于铁轮温泉街稍远处。店铺内外装潢全部由老板一家亲手完成,充满了暖意。这里的塔可使用了大分县原产蔬菜,从饼皮开始手工制作,由客人随心添加自己喜欢的配料,在小朋友中间也大受欢迎!(牛岛)

2 SUNNY 有售珍贵的 TOYOCINI 香菇

要说别府蔬菜最好吃的店是哪家,那当然是 SUNNY。这里的沙拉使用了大约十种大分县原产应季蔬菜,味道和分量都满分。另外,店里还销售安心院町种植的珍贵香菇品种 TOYOCINI。连老板都夸赞它的香味和熬出的汤汁乃一绝。(牛岛)

3 酥脆多汁,脆皮一绝"小秀"的炸鸡块

"小秀"是位于野津原的炸鸡店,我每次驱车前往长汤温泉一定会在那里买一份炸鸡拿到车上吃。这里的鸡肉美味多汁,特别入味。酥脆的表皮也是一绝,一袋吃完都意犹未尽。(西村)

4 使用了长汤温泉的高浓度碳酸汽水泉做的汽水

长汤温泉是高浓度碳酸泉,从大分市内开车过去只需不到一个小时。其中我最喜欢的就是汽水温泉馆。泡完温泉出来,喝一杯使用长汤温泉碳酸制成的汽水,甜度不高,但正好补充泡温泉时消耗的水分。(西村)

5 讲究自然食材、独一无二的 Gypsy's mile 的南印度鸡肉咖喱

Gypsy's mile 咖啡店由一对环游过世界的夫妻和他们的爱犬经营。这里出品的南印度鸡肉咖喱特别诱人,平时再怎么忙也忍不住想来一碗,甚至会花上将近一个小时赶过去。咖喱没有添加任何化学调味剂,饮品也使用了长汤的泉水。(西村)

MIYAZAKI
BEAMS AT HOME TOWN
— 宫崎县 —

水野 瞳
环球战略部
29岁 / 宫崎县日向市人

**1　森林中的旧民宅咖啡店
　　"阿尔涅森林路"**

咖啡店坐落在宫崎县日向市山间，连我这个本地人都容易迷路。店里用自家栽培的蔬菜制作菜品，不仅好看而且好吃。坐在品位高雅的店内，透过大窗户欣赏外面的自然美景，心情会特别舒畅，忍不住越坐越久。这是我很想一直藏在心里的宝藏店铺。

**2　南国宫崎的餐桌必不可少
　　清爽的日向夏柑橘饮料**

这是一种使用一整个宫崎原产日向夏柑橘制作的饮料，特点是丰富的果肉和清爽的酸味。除了搭配沙拉，还能搭配薄切生肉和南蛮脆肉等鱼肉菜。每次回老家我都要在超市采购一堆带走。新宿的宫崎县展销店也有售。

**3　本地人热爱的名店
　　"不二猪排"认准红暖帘**

本地人恐怕都有举家到这里吃饭的经历。我也是从小就跟家人到这里来，直到现在还很喜欢这家店。除了表皮酥脆、肉质柔软的炸猪排，这里的浓醇玉米味噌汤也是一绝！餐后还有一杯咖啡，性价比很高。

**4　宫崎的BBQ
　　都有鲇鱼登场**

宫崎县可能给人靠海的印象，但这里的河川也很美丽。河里捕捞的鲇鱼不仅是午饭和晚饭的代表菜式，连BBQ也不能少了它。我的父亲每次钓鲇鱼回来，都会边烤边评价"这条很大""这条带鱼子"。

**5　口感爽滑
　　"天领乌冬"的水煮乌冬**

这种乌冬是口感爽滑的细面，面和高汤的味道都温和醇香，可谓日向市民（或者说宫崎县北部人民？）的灵魂美食。面煮好后直接捞上来，用泡了炸面渣的浅色蘸面汁蘸着吃。另外，店里还有全年都能吃到的关东煮，味道也特别好！

BEAMS AT HOME TOWN
KAGOSHIMA
— 鹿儿岛县 —

前田 幸宽
BEAMS 鹿儿岛 店长
39岁/现居鹿儿岛县鹿儿岛市

佐贺 永梨
BEAMS JAPAN
21岁/鹿儿岛县鹿儿岛市人

1　1912年创业的金世酱油　陪伴鹿儿岛人成长的味道

这是本地人熟悉且热爱的味道,可以说我从小就吃着这个味道长大。除了搭配刺身,还能用来制作各种菜品,可谓万能调味料。直到外地人说鹿儿岛的酱油很甜,我才意识到这点。(前田)

2　鹿儿岛的收尾美食　"海苔阿一"的拉面

这是一次酒会后,前辈带我领略的美味。鹿儿岛以豚骨拉面闻名,但这家店的拉面主要以鸡汤打底,外表和味道都清爽透明。搭配豆芽、叉烧和炸葱花,就成了即使在深夜,食客也能排起长龙的美味。(前田)

3　太有人气,预约不到?!　鹿儿岛鱼酒场——半鱼人

来到这家店,你能深刻体会到新鲜的刺身真的很好吃。在这里点什么都不会出错,不过我最推荐沙鮻天妇罗、高汤厚蛋烧和麻油酸饭团。这里有鹿儿岛的烧酒,还有奄美的黑糖烧酒,下饭的美酒品种特别丰富。(前田)

4　高中时代的回忆之味　"叉号拉面"

店里最有人气的是赤丸拉面。豚骨拉面上的葱花和蒜蓉堆成小山,浇上一勺滚油,狭窄的店里顿时腾起让人口水直流的香味。不过这款拉面口味很重,吃完一定要使用能清新口气的东西。(佐贺)

5　包装可爱　让人忍不住想时刻放在包里的兵六饼

它跟柚子糖号称姐妹零食,是深受鹿儿岛本地人喜爱的乡土甜食。这种抹茶风味的软糖外面包裹一层糯米纸,感觉特别怀旧。在鹿儿岛的便利店和超市都能买到它,可以当作伴手礼。(佐贺)

BEAMS AT HOME TOWN
OKINAWA
— 冲绳县 —

伊波 绫香
BEAMS OUTLET 冲绳
31岁／冲绳县南城市人

上原 拓
B印 YOSHIDA 代官山
29岁／冲绳县丰见城市人

1　家家户户必备
EGGO SALAD DRESSING

这种浇汁是餐馆也必备的调味料。它是冲绳生产的出口品，在其他县没有销售。它可以直接使用，也可以跟番茄酱混在一起，做出南方风味，总之是冲绳餐桌上必不可少的东西！（伊波）

2　三十五年来深受本地人热爱
让心和胃都得到满足的"满腹食堂"

这是门前会排起长龙的超人气食堂。店里尽量不使用调味料，还原食材本来的风味，从小孩到老人都能放心享用。我最推荐的是特别有料的牛肉汤。（伊波）

3　松软质地让人上瘾
"丸清"的田芋派

冲绳特产田芋自古就象征着子孙繁荣，是庆典上不可或缺的食物。它有着独特的甘甜，而且营养丰富，可以当早餐，也可以当零食，跟牛奶一起吃味道更棒。（伊波）

4　说到冲绳的汉堡包
当然是北谷町的GORDIE'S！

这是我从学生时代起，每次回老家都要光顾的汉堡店。因为北谷町离美军基地很近，平时也有很多外国人来。我最推荐的自然是分量十足的照烧汉堡。店内气氛也特别好。（上原）

5　性价比超群
本地人热爱的上间天妇罗店

天妇罗是冲绳的灵魂美食，而上间天妇罗店的天妇罗不仅价格实惠，而且种类丰富。每逢中午，这里就会挤满学生和出租车司机，热闹非凡。只要说明要现炸的天妇罗，店员就会给你现炸，真是冲绳的良心店家。（上原）

BEAMS
ビームス

1976 年名为"AMERICAN LIFE SHOP BEAMS"的买手店于东京原宿开业，经营进口及原创的器具、杂货。如今旗下运营着 BEAMS、Ray BEAMS、International Gallery BEAMS、BEAMS F、BEAMS BOY、fennica、B:MING LIFE STORE、B 印 YOSHIDA、Demi-Luxe BEAMS 等 20多个品牌，在日本全国各地发展的同时，也将店铺开到了中国香港、北京、上海和台北，以及泰国曼谷等地。

www.beams.co.jp

Photographers

野呂 美帆
P002-019, 028-037, 132-139, 242-249, 260-277, 306-315, 334-345, 346-355, 366-375, 384-393, 412-419

濱田 晋
P020-027, 048-057, 124-131, 166-173, 208-215, 234-241, 250-257, 278-285, 394-403

上澤 友香
P040-047, 058-075, 078-111, 114-123, 174-181

渡邉 一生
P158-165, 182-187, 200-207, 316-331, 376-383, 404-411

根本 絵梨子
P356-365

山下 辰行
P190-199

岩瀬 有奈
P140-147

越智 達也(Distance)
P226-233

井田 純代
P148-155

アマンダ・コー
P286-295

ボーリン
P216-223, 298-305

Illustrator

そで山 かほ子
Cover, P076-077, 156-157, 224-225, 296-297, 374-375, 421-469

Writers

福山 嵩朗
P158-165, 182-187, 200-207, 316-331, 376-383, 404-411

山下 紗江
P190-199

武田 雅子
P140-147

諫山 力(knot)
P226-233

横島 朋子
P148-155

甲斐 美也子
P286-295

近藤 弥生子
P216-223, 298-305

Editors

大山 ゆかり
大澤 佑介
黒木 愛美
池亀 彩子
村上 かおり
宮城 フランシス伸
熊木 菜つみ
源 さち恵
(RCKT/Rocket Company*)
小寺 智子
田中 早紀
(宝島社)

Art Director

峯崎 ノリテル((STUDIO))

Designers

正能 幸介((STUDIO))
水谷 イタル

DTP

水谷 イタル

BEAMS ON LIFE LIVING, DINING & KITCHEN by BEAMS Co.,Ltd.
Copyright © by BEAMS Co.,Ltd..2019
Original Japanese edition published by Takarajimasha, Inc.
Simplified Chinese translation rights arranged with Takarajimasha,Inc.
through East West Culture & Media Co., Ltd., Tokyo Japan
Simplified Chinese edition copyrights : 2021 New Star Press Co., Ltd.,Beijing China

著作版权合同登记号：01-2021-0745

图书在版编目（CIP）数据

BEAMS ON LIFE 理想生活 ／ 日本 BEAMS 著；吕灵芝译.
—北京：新星出版社，2021.8
ISBN 978-7-5133-4577-4

Ⅰ.①B… Ⅱ.①日…②吕… Ⅲ.①生活方式-日本-通俗读物 Ⅳ.①D731.383-49

中国版本图书馆 CIP 数据核字（2021）第 129058 号

BEAMS ON LIFE 理想生活

［日］BEAMS 著　吕灵芝 译

策划编辑：东　洋
责任编辑：李夷白
责任校对：刘　义
责任印制：李珊珊
装帧设计：@broussaille 私制

出版发行：新星出版社
出 版 人：马汝军
社　　址：北京市西城区车公庄大街丙3号楼　100044
网　　址：www.newstarpress.com
电　　话：010-88310888
传　　真：010-65270449

读者服务：010-88310811　service@newstarpress.com
邮购地址：北京市西城区车公庄大街丙3号楼　100044

印　　刷：北京美图印务有限公司
开　　本：787mm×1000mm　1/16
印　　张：30
字　　数：208千字
版　　次：2021年8月第一版　2021年8月第一次印刷
书　　号：ISBN 978-7-5133-4577-4
定　　价：158.00元

版权专有，侵权必究；如有质量问题，请与印刷厂联系调换。